憲 法 別 曲

이 나라는
어디로 가고 있는가

다시 길 위에 서다 9

憲 法 別 曲

이 나라는
어디로 가고 있는가

윤명선 지음

이담
Books

憲法別曲을 펴내며

은퇴했으니 헌법학 전공은 접고
남은 시간 의미 있게 보내기 위해
정치에 관심 끊고
신문 구독도 취소하고

여행하면서 글쓰기로 하고
구름 쳐다보고 걸으면서
사진 찍고 시 습작하며
매년 책을 펴내고 있다

이제는 탈속한 줄 알고
가슴속에 천국을 건설하며
인생을 노래하고 있었는데
고독의 붓으로

구름 쳐다보며 걷다가도
세상을 내려다보면
불쑥불쑥
가슴속에서 솟아오르는 말

目不忍見(목불인견)

정치가 흘러가고 있는 꼴
나라가 亡해 가고 있는 걸
보고만 있을 수 없어
부글부글 끓어 오르는 가슴

일상적으로 일어나고 있는 헌법 문제들
심각하게 파손되고 있는 헌법정신
정답을 말하는 사람 안 보이고
언론도 제대로 정답을 소개 못 하고

헌법학 전공자로서
끝까지 수수방관하는 것은
양심이 허락지 않아
참고 참다가 놓았던 붓 다시 든다

권력이 독재화의 길로 가고
민주주의는 멀어져가고
법치주의는 무너져가고
헌법은 많은 상처 받고
민주공화국이 근본부터 흔들리고 있으니

'한 번도 경험해보지 못한 나라'

大韓文國
文民主權
文主主義
統法訃
死法腐

헌법의 기본가치와 제도
풍자하는 말들
인터넷을 달구고 있고

마지막으로 구국 차원에서
나라가 폭망하기 전에
헌법정신을 일깨우고자
붓을 다시 들 수밖에

헌법정신에 비추어
헌법이 파괴되고
국가의 근본이 붕괴하고 있는 걸
고발하고

작금 일어나고 있는 헌법 문제들
정치적으로 접근하지 않고
헌법을 잣대로 진단하고
해답을 제시하고자 한다

집단 이성이 살아나고
헌법정신으로 무장해야
현재의 위기를 극복하고
나라가 건강한 공동체로
나아갈 수 있을 텐데

시 형식으로 정리하면서
헌법 내용과 시 형식
양자의 조화를 위해 노력하였지만

구체적 내용 제시하고
논리적 전개를 해야 하니
만족스럽지 못하고 한계를 느낀다

"시여! 침을 뱉어라"

2020년 12월 12일
저자의 놀이터에서
윤명선

▍Contents :

Ⅰ 헌법이
무너지고 있다

IV 법치냐 통치냐 : 그것이 문제로다

VII 어떻게 위기를 극복할 것인가?

대한민국을 새롭게 디자인하자

- 깨어나라! 집단 이성이여

깨어나라
깨어나
국민들이여
나라를 위하여
내일을 위하여

산업화와 민주화
함께 이룬 한강의 기적
광복과 분단 70년
위기와 도전에도
온 국민이 힘을 모아
세계를 향해 우뚝 섰거늘

'빨리빨리'라는 속도전
경제 대국 이루어냈지만
깊어지는 경제적 양극화 현상
편 가르기로 갈라진 사회
껍데기만 남은 민주주의
공동체 가치는 무너지고

민주화와 경제성장의 역설
갈 길을 가로막고
이념과 진영논리로
죽기 살기로 싸움만 하고

자살률 세계 1위
교통사고 사망률 OECD 국가 중 1위
공권력 침해 사범 지속적 증가
공권력 부패지수 OECD 국가 중 최상위
사회적 갈등지수 최상위

대한민국의 부끄러운 자화상이다
사회적 분위기는 험악해지고
주관적 행복지수는 떨어지고
젊은이들은 '헬조선'을 외치고

방종을 자유로 잘못 알고
자유가 넘쳐 준법정신이 무뎌지고
절대적 평등을 요구하며
어떠한 합리적 차별도 받아들이지 않고
절차적 민주주의는 이루어졌다고 하지만
민주적 의사결정 제대로 못 하니

국민주권 원칙
민주주의 원리
법치주의 원리
국가 안전보장
자유민주적 기본질서에 입각한 평화적 통일
헌법상 기본적 가치가 비틀거리고

이념의 대립
지역 간 갈등
경제적 양극화
세대 간 갈등
남녀 간 갈등

정권의 독선
진영논리에 의한 갈등
구조적 부패
공정성 파괴
사회적 안전망의 결여
공동체 정신의 붕괴

나라가 수렁에 빠져 허덕이니

새로운 대한민국으로
거듭나기 위해서는
국가전략을 다시 세우고
구조적 개혁을 과감하게 해야 하리

승자독식의 잘못 바로 고치고
성과주의의 해로움 버리고
사회적 안전망 세우고
구조적인 부정부패 없애고
국민적 통합 이루고

신뢰 · 연대 · 협동
안전 · 질서 · 평화
자선 · 기부 · 봉사
공동체가치 잘 준수하여
'건강한 공동체' 세워야 하리

근본으로 돌아가야 한다

이제는 빠른 길이 아니라
바른길로 가야 하리
개혁은 혁명보다 어렵지만
개혁 없이는 미래가 없으니

국가의 명운 걸고
'구조적 개혁' 해야 하고

분단을 건너 통일로
한반도를 넘어 세계로
신천지 사이버 세계로
마음을 모으고 힘을 합쳐
미래로 나아가야 하리

역사를 모르는 민족
미래가 없으니 과거를 거울삼아
오늘을 현명하게 대처하면서
'밝은 미래'를 만들어가야 하리

선진국에 들어가기 위해서는
기본질서
국가 기강
집단 이성
정치문화
준법정신
자조 정신
헌법 의식

바로 세워야 하리

결국 최종적 주체는 국민

"미네르바의 부엉이는 황혼이 되면 날기 시작한다"*

국민통합 이루고
집단 이성 살아나서
나라를 바른 길로 가도록
마음을 모으고 힘을 합쳐
행동으로 보여주어야 하리

국민들이여!
자유와 평등이 조화를 이루고
민주적 기본질서가 확립되는
'헌법 국가'를 완성하여
한반도 위에 우뚝 서라
세계를 향하여 진군하라

* 헤겔의 말. 미네르바는 고대 그리스 신화에 나오는 지
  혜의 여신을 말한다. 황혼이 되면 부엉이를 데리고 산
  책을 즐기는데, 이는 문명이 질 석양에 평가가 가능해
  지고 새로운 시대가 열린다는 의미다.

I

헌법이
무너지고 있다

나, 어떻게 해

- 헌법정신을 찾아서

헌법이 물어왔다
'나, 어떻게 해'

나라가 두 동강이 나서
다르게 해석하고
진영논리로
아전인수식으로 주장하니

헌법은 근본규범
나라의 주춧돌
기본적 가치 규범화하고
국가의 지향점 세우는

자유와 평등
국민주권
민주공화국
민주적 기본질서
권력분립주의
법치주의
평화적 통일
시장경제원리

국민 모두 함께 지키고 받들어

생활규범이 되어야 할 헌법
건강한 국가공동체 만들어
이룩해야 할 '헌법 국가'[1]

대외적으로 거세게 밀려오는 파도
대내적으로 불어 닥치는 폭풍
이곳저곳에서 흠집을 내니
헌법이 수난을 당하고 있네

헌법정신은 외면당하고
헌법 가치는 무시되고
헌법 조항이 누더기가 되는
오늘의 정치적 현상

정치는 헌법에 따라 행해져야 하고
정치는 헌법 가치를 준수해야 하는데
헌법 조문은 그대로 있지만
헌법정신이 근본부터 침해되고

정치싸움 하는 내용은 모두 헌법 문제인데
언론에서는 해답을 제시하지 못하고
국가기관도 제대로 해석·적용하지 못하고
대부분의 국민은 전문성 없으니 알 리 없고

참고 참다 이제 붓을 다시 드네

---

1) '헌법 국가'란 헌법의 기본원리에 의해 국가가 성립되고, 국가가 헌법적 가치를 보호하며, 민주
주의와 법치주의의 틀 속에서 국가 권력이 행사되고 기본적 권리가 보장되는 나라를 말한다.

정치에 관심 끊고
신문 구독도 하지 않고
구름 쳐다보며 인생을 건너가고 있다가
헌법이 망가지는 걸 보고만 있을 수 없어

헌법학자로서 양심의 가책을 받아
헌법의 물음에 답하고자 한다
주관적 견해이지만
최종적으로

무엇이 헌법 문제이고
헌법정신은 어떤 것이고
어디서 해답을 찾고
나라가 어디로 가야 하는지

고독[1]

- 헌법의 실존

대한민국에서는
헌법
저만이 외롭답니다

민주주의와 법치주의
바로 서지 못하고
국민은 갈라져 갈등만 일으키니
헌법은 언제나
'깨어 있는 국민'[2]을 그리워합니다

세월이 흐를수록
헌법의 가치도
국민 가슴속으로 스며들어야 하지만

한반도의 거센 파도 위에서는
언제나
헌법
저만이 외롭답니다

---

1) 조병화 시인의 시 '소라'를 패러디한 것임.

2) 주권자인 국민은 언제나 헌법 의식을 가지고 국가권력을 감시·통제해야 하는데, 이러한 의식을 가진 국민을 '깨어 있는 국민'이라고 부른다.

헌법이 무너지고 있다 (1)

- 우리나라 헌법의 현주소

지금은 심각한 국가적 위기상황
헌법 가치가 이곳저곳에서 파손되고
국가 기강이 무너져가는

고발한다! 이 정치 상황을
헌법정신에 비추어
민주주의는 껍데기만 남고
알맹이는 사라지니

- 민의에 귀 기울이지 않고
절차적 민주주의는 무시되고

법치주의는 그 틀만 있고
제대로 기능하지 못하니

- 헌법 위에 뗏법이 있고
준법정신은 멀리 사라지고

권력분립은 제도화되어 있지만
견제와 균형이 이루어지지 않고

- 대통령에게 권력이 집중되어
'권력의 인격화'1)가 심각하고

국회는 민주적 절차를 거쳐 입법을 하고
행정부에 대한 통제기능을 해야 하는데

- 절대 다수당이 된 여당은 민주적 절차 무시하고
국회는 행정부에 대한 견제역할 못하고

법원은 사법 정의를 책임진 기관으로
독립성을 가지고 공정한 재판을 해야 하는데

- 대통령의 인사권 행사로 사법의 정치화가 되어
독립성은 훼손되고 편파적 판결 나오고

민주공화국이 맞는가
'문주공화국'이라고들 하는데

- 민주가 아니라 독재의 길로 가고
공화가 아니라 진영논리로 싸움만 하고

정당은 대의정치의 근간이고
국민을 위해 일해야 하는데

- 정당의 민주화는 안 이루어지고
파당적 이익을 위해 패거리 싸움만 하고

---

1) '권력의 인격화'라 함은 국가기관이 헌법에서 정한 권한을 자의적으로 행사하는 것을 말한다.

공무원은 정치적 중립을 지키며
국민의 봉사자로서 정책을 집행해야 하는데

- 공무원들 정권 앞에 줄서기 하고
영혼 있는 공무원 찾아보기 힘들고

책임정치가 민주정치의 요체로써
정치는 결과에 대해 책임을 져야 하는데

- 잘못된 정책 시인하지 않고
정책 실패에 책임지는 사람 없고

언론은 제4의 권력으로
권력통제의 역할을 해야 하는데

- 일부 언론들 권력 앞에 줄 서 있고
비판언론은 고발당하고

주권자인 국민은 있나
제대로 주인 노릇 하고 있나

- 진영논리에 끌려다니고
포퓰리즘에 놀아나고

일일이 열거할 수 없네

모든 것이 비정상적이고
국가가 총체적으로 맞고 있는 위기

헌법은 '명목상 헌법'[2]으로 전락하고
규범과 현실이 일치하지 않는

'한 번도 경험해보지 못한 나라'[3]

현재 우리나라의 자화상이다

---

2) Loewenstein은 헌법 규범과 헌법 현실이 일치되는 헌법을 규범적 헌법이라고 부르고, 헌법 규범이 준수되지 아니하여 헌법 규범과 헌법 현실이 일치하지 않는 헌법을 '명목적 헌법'이라고 불렀다.
3) 문재인 대통령이 취임사에서 내세운 공약이다.

헌법이 무너지고 있다 (2)

- 민주공화국은 어디로!

헌법은 국가의 근본규범
나라의 주춧돌
헌법이 무너지면 나라가 넘어가건만

곳곳에서 대한민국의 정체성
부정하는 소리 들리네

8·15 국가 탄생을 부정하며
대한민국의 정통성 인정 않고
국부는 김구라고 하고
애국가도 안 부르고
헌법이 사회주의를 수용하고 있다고 하고

북한을 민주주의 국가라 부르고
통일을 앞세워 북한에 편향된 행동 보이고
비핵화는 쏙 빼고 평화만을 내세우며
한미관계는 냉전 동맹이라고 폄하하고
남과 북이 하나의 공동체로 나가야 한다고 하네

대통령에게 권력이 집중되어
'권력의 인격화'가 이루어지고
권위주의로 흐르니
제도적으로 통제되지 않아

견제와 균형의 원칙이 작동 못 하고

입법권 행사 제대로 못 하는 국회
통법부로 전락하고
행정부에 대한 견제기능 못 하고
민주적 절차 안 따르고
여당은 청와대 하명에 따라 움직이고

사법부의 정치화가 짙어가니
사법부의 판결이 진영논리로 흘러가고
법원의 독립성과 법 집행의 공정성이 회의적이고
검찰개혁은 검찰 무력화로 일관되고
헌법재판소도 공정한 결정 기대하기 힘들고

절차적 민주주의 무시하고
다수결 원칙 빙자한 일당독재
정당의 민주화 안 이루어지고
정당 간에 토론과 타협 안 되고
일당 독주에 야당은 무기력하고

영혼 없는 공무원들 덩달아 춤추고
일부 언론들 나팔수 역할 하고
시민단체들 감시역할 못하고
제대로 된 곳 없으니
나라가 전체적으로 무너지고 있네

편 가르기 정치로 두 갈래로 갈라진 국민

진영논리에 의해 싸움만 하고
주권자의 감시기능은 불가능하고
깨어 있는 국민이 절실한 지금
'집단적 이성'이 살아나야
나라를 구할 수 있는데

코로나 19가 초래한 새로운 위기
4·15 총선 통해 포퓰리즘의 위력 보았고
방역과정에서 국가권력이 사생활 깊숙이 개입하고
오웰이 예견한 '동물농장'1)
인류가 걱정해오던 세상 눈앞에 다가오고

'한 번도 경험해보지 못한 나라'

권력분립의 원칙은 의미를 잃고
민주주의 원칙은 지켜지지 않고
법치주의는 곳곳에서 무너지고
민주공화국은 어디로 가고 있는가

헌법이 무너지고 있다
헌법정신이 훼손되고
헌법 가치가 외면당하고
헌법 위에 권력이 있고
나라의 미래가 암담하다

어디로 가고 있는가

---

1) 아래 '동물농장' 참조.

우리 헌법은
정글로 돌아가고 있는가
우리 사회는?

'네가 왜 거기서 나와'
– 공수처법의 제정을 보고

민주국가 집안에서는
족보에도 없는 '공수처법'

"근데 네가
네가 왜 거기서 나와[1]"

다수결이란 명분으로
국회가 제정한 '공수처법'
이건 헌법위반이야
헌법정신을 훼손하는

"내 눈을 의심해보고
보고 또 보아도
딱 봐도 너야
오 마이 너야"

이건 입법권의 남용이야
헌법의 기본 틀을 깨는
이런 기관이 필요하다면
헌법 개정을 통해 만들어야지

"사랑을 믿었었는데

---

1) 영탁의 노래.

발등을 찍혔네
그래 너 그래 너야 너
이건 사랑이 아냐"

민주정당은 헌법을 준수하고
헌법정신에 맞추어 입법해야 하거늘
헌법이 발등을 찍혔네
이런 입법은 합헌적 입법이 아니야

국회가 만든 '공수처법'
사법권의 독립성 해치는
헌법정신에 대한 배신이야
헌법의 기본 틀 파괴하고
권위주의로 가는 다리 놓는

"그래 너, 네가 왜 거기서 나와"

헌법의 존재 이유[1]

- 살아있는 헌법이 되어야

우리가 헌법의 의미를 알기 전에는
다만 종잇조각에 지나지 않았네
우리가 헌법의 가치를 알고 지키게 되었을 때
비로소 헌법은
'살아있는 규범'이 되었네

헌법을 지킬 수 있도록
우리의 헌법 의식을 일깨워다오
우리 마음속에 헌법이 살아있을 때
규범과 현실이 일치하는 '규범적 헌법'
'살아있는 헌법'이 될지니

우리는 모두
헌법의 주인이 되고 싶네
법치주의가 뿌리 내려
인권을 누릴 수 있는
규범적 헌법[2]을 가지고 싶네

---

1) 김춘수 시인의 '꽃'을 패러디한 것임.

2) Loewenstein은 헌법을 기능적 측면에서 규범적 헌법, 명목적 헌 법과 장식적 헌법으로 분류하고, 규범과 현실이 일치하는 헌법을 '규범적 헌법'이라고 부른다(K. Loewenstein, Political Power and the Governmental Process (Univ. of Chicago Press, 1965).

헌법이 공동화(空洞化)되는 이유[1]

- Loewenstein의 견해

헌법은 온전하게 적용되어야
'살아있는 헌법'이 되거늘

국가기관이 헌법을 잘 적용하지 않고
국민이 헌법을 잘 지키지 않으면
헌법은 명목상의 헌법이 되고 마니

입헌주의에 대한 두 가지 적은
국가기관이 헌법의 적용을 게을리 하는 것
국민이 헌법 규범을 준수하지 않는 것

작금 우리나라의 현실은 어떠한가

헌법의 생명력은
국민의 '헌법 의식'에 달려 있으니
국민이여! 깨어나라
헌법 의식으로 무장하고

'살아있는 헌법'을 가지기 위해서는

---

1) Loewenstein, 상게서, pp. 153-154.

헌법의 수준

- 헌법 의식과의 함수관계

한 나라의 국민은
그들의 '헌법 의식' 수준만큼의
헌법을 가지는 법

국민의 헌법 의식이 성숙해질 때
헌법은 살아서 기능하는
'살아있는 헌법'이 되리니

정의의 여신상

- 헌법의 수호신

오늘도 여전히 앉아 있다
공공건물 앞에서
한 손에는 칼
한 손에는 저울
안대로 눈 가리고

강제력 없는 법은 허수아비
권력을 배경으로
저울로 달아 형평을 기하고
두 눈을 가려
공정하게 법을 적용하라는
메시지 전하며

대법원 출입문 앞에 있는
정의의 여신상
한 손에는 저울 높이 들고
다른 손에는 법전 들고 있는 것은
법에 의한 재판을 명하는 것
칼을 들고 있지 아니 하여
법은 강제력이 없는가

새 정의의 여신상 만든다면
왼손에는 법전 움켜쥐고

오른손에는 칼 치켜들고
두 눈 뜨게 하리라[1]
모든 부정·비리 찾아내서
공정하게 엄히 처벌할 수 있도록

새로운 정의의 여신상이
필요한 오늘 우리 사회다

정의사회를 이루기 위하여
헌법정신을 실현하기 위하여

---

1) 정의의 여신은 원래 눈을 뜨고 있었는데, 공정한 재판을 위해 16세기 이후 눈을 가리기 시작했다고 한다.

양심 규범

- 4차원의 규범 구조

사회규범 없이는 함께 살 수 없다

국가공동체 유지하기 위한
필수적 요소

종교 규범
도덕 규범
관습 규범
법 규범

최종적 수단은
강제규범인 법 규범

양심이 살아있을 때
모든 사회규범
지켜질 수 있고
실효성 가질 수 있으니

양심은 '제4의 규범'
법치주의 바로 세우고
나라의 질서 유지하고
공동체를 건강하게 만드는

아무리 좋은 규범 가지고 있어도
인간의 양심 바로 서지 못하면
헌법은 모래 위에 누각과 같은 것

작금의 우리 사회가 보여주고 있다

거짓말 행진 이어가고 있는 무리들
법망만 피해 가면 되나
양심 규범에 비추어 무죄이어야 하는데

양심이 작동하지 않는 나라
아 슬프다! 양심이여
모든 사람들 가슴속에 강림하라
건강한 국가공동체 유지될 수 있도록

헌법 의식

- 주권자로서의 기능

헌법은 스스로 기능하지 못한다
그 운영은 인간의 손에 달렸고
한 나라의 헌법은
국민의 헌법 의식 수준만큼 작동하니

국민이 헌법 규범 잘 준수해야
헌법은 살아있는 규범이 되고
국가기관이 헌법을 잘 적용해야
헌법 질서가 바르게 확립되는 법

헌법을 지킬 최종적인 책임은
주권자인 국민의 몫
평상시에는 여론의 형식으로
비상시에는 국민 행동으로

헌법 의식이 깨어 있지 아니할 때
헌법은 제대로 작동하지 못하므로
헌법은 '명목적 헌법'으로 전락하고
정권은 독재로 빠지게 되는 것

모든 헌법 문제의 열쇠는
국민의 '헌법 의식'에 달려 있으니
깨어나라! 국민이여
일어서라! 국민의 헌법 의식이여

'두 날개'로 날 모양인데

– 재정준칙 시안을 보고

나라의 미래상이 보인다
어떤 방향으로 갈 지

"독재자는 법률을 차별적으로 적용해서
정적을 차단하고
동지는 보호하는
강력한 무기를 손에 넣는다"[1]

고위공직자범죄수사처(공수처)가 구성되고
재정준칙이 입법화되면
칼과 돈
정권은 두 날개로 날 것이다

기본적 무기 장착되고
제동기가 없으면
어떻게 정치가 흘러갈 지
눈앞에 선하게 보이는데

공수처는 대통령 아래 있지만
모든 권력 위에 있고
사실상 국가권력 감시·통제하여
무서운 병기로 사용되고

---

1) 스티븐 레비츠키, 어떻게 민주주의는 무너지는가?

기준이 고무줄 같은 재정준칙
정부가 자의적으로 재정 지출할 수 있고
5년 뒤에나 시행되면
합법적으로 포퓰리즘 펼칠 수 있고

모두 헌법정신에 반하는 법률들
권력분립원칙에 반하고
재정입법원칙에 어긋나고
법치주의와는 거리가 멀고
권력이 법 위에 군림하면 독재가 되는 걸

칼과 돈 두 날개를 달고
통제기능이 안 이루어지면
정부와 집권당
허공에서 자유여행 할 텐데

'한 번도 경험해보지 못한 나라'

그 비행기 타고 갈 승객들
알고 있는지
목적지가 어디인지
자신들의 운명을

Ⅱ

이 나라는
어디로 가고 있는가?

언론에 비친 이 정권의 모습

- 그 특징들은 무엇인가?

몇 개월 간 신문을 들쳐가면서
현 정권의 별칭을 모아보니

좌파정권
친북 정권
진영논리
불법통치
방랑외교
안보 불안
포퓰리즘
망국의 길
전체주의

그 별칭 다양하고

文主主義
文主主權
文主共和國

"대통령의
대통령에 의한
대통령을 위한" 정부
모든 권력 '문'으로 통하고

초헌법적인 공수처 설치
검찰권의 무력화
감사원장 흔들기
국회의 다수당 독재
사법의 정치화

권력분립의 원칙은 무너지고

거짓말 퍼레이드
내로남불
고집불통
편 가르기
남의 탓
후안무치
떼법의 지배

정치행태는 비정상적이고

소득주도성장
최저임금제
52시간 근무제
포퓰리즘
국가부채 급증

경제가 거꾸로 가니

자영업의 몰락

대기업 경영권 흔들기
부동산거래 허가제
세금 폭탄

경제는 파탄에 이르고

한미동맹의 퇴색
안보 불안
외교적 고립
북한 짝사랑
연방제 개헌론

국내외 환경은 어지럽고

정치는 싸움만 하고
국방은 약화하고
경제는 후퇴하고
사회는 불안하고
문화는 퇴폐해지고

나라가 근본적으로 위기에 처하고

편 가르기로 두 동강 난 사회
진영논리로 싸움만 하니
신뢰가 무너지고
연대·협동이 안 되고
안전과 질서가 무너지고

국민통합이 물 건너가는 현상

국가공동체가 무너지고 있고

나라가 총체적으로 기울고
이대로 가면 폭망할 텐데
아직도 정신 못 차리고 있는
정치인들이여
국민들이여

지금 이 나라는 어디로 가고 있는가?

'한 번도 경험해보지 못한 나라'

- 허공에 흩어진 공약이여

'한 번도 경험해보지 못한 나라'
지금 이 땅 위에서 연출되고 있다

"국민과 수시로 소통하는 대통령
제왕적 권력의 분산
안보위기·한미동맹·북핵 문제 해결
야당과의 대화 정례화
능력과 적재적소의 인사
각종 갈등의 해소
기회는 평등·과정은 공정·결과는 정의
잘못을 인정하는 솔직한 대통령
특권과 반칙이 없는 세상
소외된 국민 없는 나라"

취임선서에서 내세운 공약들
이대로 실천만 하면 이상 국가가 되련만

권력이 대통령에게 집중되고
야당과의 협치는 안 되고
불통 정권이라고 평가받고
평등·공정·정의는 물 건너가고
경제는 다 망가지고
국가안보와 한미동맹은 흔들리고

인사는 만사가 아니라 망사가 되고
특권과 반칙이 넘쳐나고
잘못은 인정하지 않고
진영논리로 몰고 가고

공약과는 반대로 가고 있으니

국민의 눈에는 어느 것 하나
제대로 실천된 것 안 보이고
공약을 못 지키고
책임정치는 물 건너가고
나라 꼴이 이게 뭐냐고 묻는데
찬바람만 스쳐 갈 뿐

허공중에 흩어진 공약이여

'한 번도 경험해보지 못한 나라'

진영논리에 갇혀
갈등만 빚고 있는 나라
메시아는 나타나지 않고
정치권은 자정 능력 없으니

최후의 담보는 국민뿐
'집단 이성'이 살아나서
나라를 구해야 하리

아직도 이념투쟁이!

- 역사적 퇴물이 남아서

좌냐 우냐 서로 삿대질하며
전쟁을 치르고 있다
소모적인 논쟁[1]
아직도 우리 사회에서는

Bell이 '이데올로기의 몰락'[2]
예언한 지 언제이고
사회주의 국가들이
무너진 지 얼마나 지났는가

남북분단이란 틀 속에서
아직도 이념논쟁 펼쳐지고
곳곳에서 갈등이 깊어가니
나라가 조용할 날 없구나

좌냐 우냐 그것이 문제가 아니라
함께 사는 사회
보다 좋은 삶
밝은 미래
그 길로 가야 하리

---

1) 어느 시인은 좌·우파의 싸움을 가리켜 '철밥통' 싸움이라고 혹평한다.
2) Daniel Bell의 저서 이름.

이제 갈등과 투쟁의 길은 접고
'가운데 길'로 가야 하네3)
강물처럼 어깨동무하고
공생의 터전 바다로

이념과 이념 사이
물리적인 가운데 길이 아니라
화학적으로 하나가 되는
'합'(合)의 길로4)

---

3) 도덕경은 모든 삶의 근본적인 이치를 균형과 중간에서 찾고 있다.
4) Hegel은 역사의 발전을 '정-반-합'의 과정으로 규정하였는데, 여기의 '합'에서 빌린 용어이지만,
   반드시 일치하지는 않는다.

전체주의 사회상

- 오웰의 '1984년'을 읽고

오웰이 예견한 세상 '1984년'[1)]
대형(big brothers)들이
언제나 감시하는 환경에 사는 우리

어항 속의 물고기처럼 누드가 되어
인간의 존엄성은 사라지고
프라이버시는 짓밟히고
애정 관계도 감시의 대상이 되는 세상[2)]

기술 매체를 통해 개인을 완전 통제하고
개인에게 집단주의적 사상 주입하고
역사를 고쳐 써가며
인간의 존엄성을 말살시키고

전쟁은 평화
자유는 예속
무지는 힘
진리를 왜곡시키고

공포의 정치

---

1) 1948년에 장래에 등장할 전체주의를 예견하고, 이를 경고하기 위해 발간한 조지 오웰의 책 이름.
2) 주인공 웨스틴 스미스는 아기를 낳는 목적 이외에 사랑을 하고 불순한 사상을 담은 일기를 쓴 죄로 체포되어 처형된다.

침묵의 강요
인권의 소멸
개인의 가치 모조리 소멸시키고

고문 끝에
주인공 대형 앞에 무릎 꿇고
죽기 전에 세뇌되어
형장의 이슬로 사라진다

2+2=5라고
탁자 위에 손가락으로 쓰고는

사이버공간에서는
기술이 더욱 진화되어
원형감옥 가능성이 현실화되고

코로나 19 사태로
개인정보가 다 노출되고
국가의 간섭 심해지고

어항 속의 물고기 신세가 된 우리
새로운 독재의 출현을 우려하는
목소리 높아지고 있네

모든 것은 지나가는 것

- 이스탄불에서 '돌마바흐체 궁전'을 바라보며

바닷가에서 비바람 맞고
쓸쓸하게 서 있으며
침묵으로 역사의 교훈 보여주는
돌마바흐체 궁전

모든 것은 지나가는 것
그 권세 그 영광 그 재화
끝없는 인간의 욕망
세월 속에 다 무너져버리고

화려하게 꾸며진 내부 장식
외국에서 거둬들인 화려한 전리품
예술성이나 화려함보다
역사적인 착취 냄새가 나고

국민의 고혈과 희생으로 쌓아 올린
웅장한 궁전
완성도 하지 못한 채
왕조의 몰락 초래하고

지금은 건물만 남아
바닷가에 쓸쓸하게 서서
관광객들의 눈총 받으며

역사의 허허로운 모습만 보여줄 뿐

끝없는 욕망은
파멸을 초래하고 마는 법
왕권에도 생명이 있고
그 영광은 순간이니

'절대권력은 절대로 망한다'

돌마바흐체 궁전이 남긴 교훈
보는 사람들 뇌리에서 영원하라

우리나라에서도

'가자 20년'

- 20년 후의 나라 모습은?

이해찬 전 당 대표 전기 출판기념회에서
또다시 울려 퍼진 정치구호

'가자! 20년'

20년 깃발 든 지 몇 년인가
20년 외친 지 몇 번째인가
이미 그 길로 들어섰다
20년으로 가는 길
코로나 19가 결정적으로 돕고
4·15 총선에서 디딤돌 놓고

정치는 싸움판 되고
경제는 망가지고
사회는 아우성치고
안보는 무너지고
외교는 고립되고

단언컨대 이대로 가면
20년 안에 나라가 폭망할 텐데
그때 그 모습
훤하게 내다보이니
'대네수엘라'1)

---

1) 대한민국과 베네수엘라의 합성어.

모든 것 다 함축되어 있는 이 단어
그런 전조들 곳곳에서 나타나고
그 길로 이미 들어서지 않았는가
많은 징후들 눈앞에서 어른거리니

안타깝게도 내 말에 책임질 수 없네
20년 더 살 수 없을 테니까

믿는 구석이 있지
'국민의 40%'[2]
어느 의원이 한 말이다
아무리 너희들이 비판하고 반대해도
40%는 꼼짝 않는다고

모든 정책의 목표는 득표에 있고
모든 정책 뒤에는 40%가 있고
票퓰리즘[3]이 먹히고
선거를 통해 입증되니

망국의 역사 되풀이해서는 안 되지
70년간 피와 땀 흘려 일구어놓은 나라
망가지는 건 잠깐
다시 일으키려면 많은 시간 걸리니
지금 망가지지 않도록 하는 게 최선인데
그때까지 기다려서는 안 되지

---

2) 여당 지지자들.
3) 투표와 포퓰리즘의 합성어.

'집단 이성'이 살아나서
나라를 위기에서 탈출시켜야 하네

주권자로서 책임을 다 해야지

감성 정치의 명과 암

- 이성이 살아나야 나라가 바로 선다

TV가 일상화되고
IT 혁명으로 가상공간이 생겨나니
세상이 완전히 바뀌고 있다
모든 영역에서

읽는 시대에서 보는 시대로
이해하는 방식이 느끼는 방식으로
이성이 지배하는 사회로부터
감성이 지배하는 사회로

정치도 감성 시대로 들어서니
감성이 가치판단의 기준이 되고
진·위의 문제가
호·불호의 문제로 바뀌고

정치인들은 국민 감성에 호소하고
감성으로 여론 이끌어가고
국민은 감성으로 여론 형성하고
감성으로 투표하고

국민적 통합
정치의 조화가 아니라
편 가르기

진영논리로 바뀌고

바람직한 방향 아니지만
정치행태도 이렇게 바뀌고
이 상황을 이용하는 정치
민주주의가 위협을 받고 있다

시민의식
건전한 양식
숙의 과정
이성의 지배

이들 가치가 변질되면
민주주의는 어디로 갈 것인가

헌법 가치도 감성이 지배하니
이성이 살아있어야 헌법도 살고
민주주의도 제대로 작동하고
나라가 건강한 공동체로 기능할 수 있거늘

가상세계로의 변화
문명의 전환
생활 패턴의 급변
심각한 문제들 나타나는데

그 대응은 늦고
갈 길은 멀기만 하고

대한민국은 민주공화국이다

- 선진국가로 가는 길

대한민국은 '민주공화국'[1]이다

민주주의와 공화주의[2]
두 깃발 걸고 있는 나라
개인의 권리와 공동체의 가치
조화를 이루어야 하리

지금 대한민국의 문제는
국가공동체의 위기다

책임이 따르지 않는 자유
절대적 평등의 주장
지역·이념·계층·세대 사이의 갈등구조
구조적인 부정과 부패
공동체 가치의 무시
공권력의 횡포 때로는 무능함

공화주의는 사람들 관심밖에 있고
민주주의는 성숙하지 못하고
준법정신은 뿌리박지 못하고

---

1) 헌법 제1조 제1항.
2) 민주주의의 기본적 가치가 개인의 자유와 권리라면 공화주의의 기본적 가치는 공동체의 공생과
   질서이다.

이대로는 선진국으로 들어갈 수 없으니

민주주의를 올바로 실천하고
공동체 가치를 우선으로 생각하고
국민의 집단 이성이 살아나고
헌법 의식이 성숙함으로써
다시 출발해야 한다

선진국으로 들어서기 위해서는

대한풍국(大韓風國) (?)

– 총선을 볼 때마다 느끼는 것

바람 잘 날 없는 한반도
선거 때만 되면 불어 닥치는
바람 바람 바람

북풍과 총(銃)풍이 몰아쳐
유권자들이 느꼈던 추운 겨울
세(稅)풍과 돈(貨)풍이 불어와
돈 냄새로 가득 찼던 선거판
느닷없이 병(兵)풍과 안(安)풍1)이 밀려와
대선 판도를 결정하더니
이번에는 (탄)핵풍이 회오리바람 되어
야당을 파괴하는가 싶더니
박(朴)풍2)과 노(老)풍3)이 맞바람을 일으켜
선거 판도의 균형을 잡아주는구나

4 · 15 총선에서는 코로나 19가 끼어들어
재난지원금 전 국민에게 뿌리니
환호하는 목소리 들리고
선거 판도에 휘몰아쳐서
절대다수당 만들어내고

---

1) 안기부가 선거철에 정보를 제공함.
2) 박근혜 한나라당 대표가 선거운동에 적극 나섬으로써 지지도를 끌어 올림.
3) 야당 대선후보가 노인들은 투표하지 말라는 발언을 하여 역풍을 맞음.

선거철만 되면 불어오는
바람 바람 바람
바람을 타야 당선될 수 있으니
주권자인 민(民)은 어디로 가고
선거 풍(風)만 몰아치는가

아! 슬프다
'대한풍국'이여
바람아 물러가라
민이 나가신다

통 통 통

통(統)[1] 하면 통(通)하던 시대가 있었으니
그때는 국민이 얼마나 통(痛)스러웠는가

이통 박통 전통
통 통 통

우리 헌정사에서 한 시대를 휩쓸었던
통(統)의 시대

이제 민주화는 이루어졌고
법치주의가 뿌리내리고 있으니
통(統)이란 단어는 더 이상 필요 없고

대통령도 법 아래 있으니

통(統)은 영원히 물러가라
이제는 통(通)하지 않으리
더 이상 국민의 통(痛)은 없어야 하리

다시 문통의 시대가 왔다고
'문주주의' '문민주권' '문주공화국'
이런 용어들 회자하고 있는데
민(民)이 나서서 주권자 노릇 하고

---

1) 통(統)은 절대권력을 휘두르던 대통령을 가르친다.

민이 지배하는 나라
참된 민주주의 국가

영원하기를!

우리나라 양대 정당의 별칭

- 대의정치 기대할 수 있는가?

우리나라의 양대 정당
이름 대 보라니까
나오는 명칭

'깡패당'과 '골빈당'

그 행태 보면 추리할 수 있고
그 행적 보면 인지할 수 있고

이게 우리나라 정당의 모습이야
사람들 사이에서 회자하는

양대 정당의 별명

더 이상 설명이 필요 없지
누구나 보고 있으니까
더구나 이건 시니까
설명하면 시가 아니지

정치는 싸움만 하고
자정 능력도 없으니

민주정치 기대할 수 없고
국민의 불신만 쌓여가고

과거에는 보수는 부패하고
진보는 분열해서 망한다고 했는데
이제는 보수는 분열하고
진보는 부패해서 망한다고 하네

그렇게 인물이 없는가
미래의 청사진 제시하며
희망의 깃발 내걸고
정당 하나 이끌고 갈

어느 정당에 권력 맡겨야 할지
난감하기만 하고
국민 마음
어느 곳으로도 안 가고

언제쯤 민주적 정당으로 탈바꿈하여
제대로 대의정치 할 수 있을까

희망이라곤 안 보이니
국민은 불안하기만 하고

인사가 만사라면서

- 사법기관이 다 장악 되었네

독립성과 정치적 중립성을 생명으로 하는
사법기관들
법원 헌법재판소 검찰
사법 정의를 책임지고 있는 국가기관들
지금 수난 시대를 맞고 있네

대통령이 대법관과 헌재 재판관 과반수[1]
우리 법·인권법 연구회·민주변호사회 출신들로 임명하고
법무부 장관은 검찰 인사권 휘두르고
사법기관이 다 장악되어
독립성과 정치적 중립성은 무너지니

대법원의 편파적 판결 줄을 이어 나오고
진영논리가 판결 속에서도 나타나고
검찰의 인사로 정권 비리 수사팀 공중분해 시키니
수사 기능이 거의 마비되고
이제는 '반문 유죄 친문 무죄'
라는 말 회자 되고 있구나

인사가 만사라더니
인사가 亡事가 되었네

---

1) 대법원 대법관 14명 중 7명, 헌법재판소 재판관 9명 중 5명이 우리법연구회·인권법연구회와 민
주변호사회 출신으로 앞으로 재판 경향을 예측할 수 있는 지표임.

코드인사
회전문 인사로

사법 정의 무너지고
법치주의 흔들리고
헌법정신 파괴되고

'한 번도 경험해보지 못한 나라'

헌법은 상처 받고
국민이 묻고 있네
어떻게 벗어나야 할지
지금의 사법위기를

사법의 정치화 막고
엄정한 수사와 공정한 재판 통해
사법 정의가 실현될 수 있고
정치기관에 대한 사법적 통제
가능하도록

계속되는 인사사고 막기 위해
헌법과 국회법 개정해서
제도적으로 인사권을 재구성해야 하리
법치주의가 살아날 수 있도록

정부 형태의 선택방식

– 정치문화를 고려해야

대통령제냐 의원내각제냐 이원정부제냐
그것이 문제가 아니라
대한민국에 맞는 정부 형태
그 모형을 만드는 것이 문제다

정부 형태의 유형들은
역사적 산물로써 만들어진
정부 형태의 모델일 뿐

순기능 하면 좋은 정부 형태
역기능 하면 나쁜 정부 형태

정부 형태를 고를 때 제도의 장단점만
수평적으로 비교하는 것은 잘못된 태도이니
역사적 배경과 문화적 환경을 보고
그 기능조건들을 먼저 고려해야 하리

정부 형태는 상부구조
하부구조는 정치문화
정부 형태의 순기능과 역기능
정치문화에 달려 있으니

다른 나라의 정부 형태

무조건 흉내 내서는 안 되고
대한민국의 정부 형태
우리의 정치문화를 고려하여
순기능 할 수 있도록 만들어야 하리

깨어있는 국민
살아있는 집단적 이성
국민의 주체의식
건전한 헌법 의식
살아있는 헌법의 기초다

정치문화가 바로 서야
정당정치 · 민주주의 · 법치주의
헌법 제도가 제대로 작동하고
입헌주의가 가능해지는 법

'깨어 있는 국민'이 민주주의 지키고
나라를 바로 세우고
살아있는 헌법의 최종적인 보루는
국민의 '헌법 의식'에 달려 있나니

해바라기의 숙명

- 북한을 향한 여권의 태도를 보며

폭풍이 한 차례 지나갔다
사람의 생명까지 앗아 갔는데도
강력한 항의도 못 하고
태양만 바라보고 있네

해바라기는 해만 뜨면
태양만 쳐다보고
웃는 얼굴로
오직 忠하겠다는 자세로

태양이 눈 한 번 찡끗하니
감사해서 어쩔 줄 모르고
날씨가 맑거나 흐리거나
태양만 바라보는 생리

'사랑합니다'
'존경합니다'
'숭배합니다'1) 되뇌면서

마음 가운데 두는 것(忠)
이건 단순한 마음이 아니라
타고난 生理인가

---

1) 해바라기의 꽃말들.

고치기 힘든

아래는 내려다보지 않고
위만 쳐다보는
해바라기의 희로애락
오로지 태양에 달려 있네

땅이 말라붙으면
자신이 죽고 만다는 사실은
잊은 채

'도대체 왜 그러는지' 몰라

- 지금이 종전 선언할 때인가?

해상에서 우리 민간인 총살·소각한
북한의 야수와 같은 만행
국민은 분노하고
세계 여론이 들끓고 있는데

UN 총회에서 종전선언을 제안한 대통령

북한 규탄 결의안은 무산시키고
야당의 반대에도 불구하고
'한반도 종전선언 촉구 결의안'
'한반도 평화를 위한 북한 개별 관광 허용 촉구 결의안'
급작스레 일방적으로 상정한 여당

'미안하다'라는 김정은의 한 마디에
북한은 사과하고 재발 방지를 약속했다고
긍정평가 하면서 180도 돌변한 정부의 태도
월북으로 규정하고 국민의 관심 돌리며
대북지원… 평화프로세스에만 집착하고

북한 사과의 진정성 어디에 있나
그 문언을 보거나
그 후 태도를 보거나
공동조사를 거부하고

영해를 침범하지 말라고 경고하는 걸 보면

김정은은 '계몽 군주'라는 돌출발언 하는 인사
시신은 '화장'시켰다는 어느 국무위원
'종전선언' 안 되어 생긴 일이라는 국회의원
'전화위복의 기회'로 삼자는 여권 인사들

국민의 염장 지르는 사람들
도대체 어느 나라 사람들인가?

국가의 존재 이유는
국민의 생명과 재산을 보호하는 것
북한의 만행에 엄중한 책임과
재발방지대책은 받아내지 못하고

'남북대화 복원'과 '연락 채널 복구'
의 계기가 되어야 한다고 주장하니

'한 번도 경험해보지 못한 나라'

'사람이 먼저'라면서
국민의 생명이 무고한 죽임 당해도
아무런 대응조치도 못 하고
항의조차 못 하는 나라
국민은 '이게 나라냐'라고 외치고

김정은은 관심 없다고 하고

미국은 한미동맹이 우선이라고 하니
지금은 분위기도 타이밍도 아닌데
때 아닌 종전선언은 웬 말인가?

한국만 헛된 꿈에 매달리고 있으니

종전선언 후의 모습은?

- 눈앞에 선하게 보이네

종전선언은 만병통치약이 아니다
종전당사국도 못 되면서
우리나라가 주도적으로 추진할 수 있나
평화를 유지하고 통일을 이루기 위해서는
세력균형을 위해 힘을 키우는 것이 우선인데

종이 한 장으로 평화 이루어질 수 있다면
얼마나 좋겠는가
평화공존과 남북통일
상대방이 있으니 일방통행으로는 안 되고
분위기 조성이 되지 않으면 안 되고

북한은 적화통일 야욕 버린 적 없고
핵무기 포기할 생각도 전혀 없고
대남 전략·전술 조금도 변하지 않았고
평화 공세나 비핵화 협상
위장 전술일 뿐인데

평화와 통일을 외치는 짝사랑
애초부터 불가능한 희망 사항이거늘
아직도 그 꿈 못 벗어나는가
이제라도 북한의 정체 제대로 이해하고
현명하게 대처해야 하리

"정신 차려
그 사람은 너한테 관심이 없어
시간 낭비하지 마"

한국을 잘 아는 어느 외국인의 충고다
현 정부 인사들에게 보내는
짝사랑 하지 말고
자기 나라와 사랑에 빠지라면서

종전선언 하면 평화가 온다(?)
이건 북한이 노리는 통일전략·전술
종전선언을 하고 나면
북한은 미군 철수 요구하고
남한은 해방공간이 될 텐데

'핵 대 비핵'
누가 이길 것인가
맨손으로 평화 지킬 수 있는가
지금까지 우리의 안보는
한미동맹과 핵우산 덕 아니었나

평화는 힘의 균형 위에서 가능한 것
핵은 핵으로밖에 막을 수 없다는 건
삼척동자도 다 아는 상식
무조건 종전선언은 안 되지

몇 년간 '평화놀이' 보았지

불꽃놀이 화려하지만
끝나고 나면 허공만 남고
바라보는 마음에는 공허만 생기고

이제 짝사랑은 그만 접고
국민 한 마음 되어
북한의 대남 전략
강온 양면작전으로
현명하게 대응해야 하리

이 나라가 살아남기 위해서는

그리스 사태를 바로 보자!

- 우리에게 주는 교훈

"국민이 원하는 것은 다 줘라"[1]

그리스식 복지는 이렇게 시작되더니
공무원과 정치인의 부패는 더해가고
국민은 복지라는 선물에 취해
포퓰리즘이 판을 치고

50%에 이른 청년실업
연금 수급자의 폭증
공무원 숫자의 2배 급증
극심한 저출산
60세 이전 은퇴 퇴직연금의 80% 지급

경제위기가 닥쳐오니 치프라스 총리는
긴축반대
임금 인상
복지확대
달콤한 공약 내세워 정권은 잡았지만
경제는 더욱 어려워지니

IMF 부채 16억 유로(약 2조 원)
다섯 번째 디폴트[2] 상태

---

1) 좌파정권이 출범한 1981년에 안드레아스 파판드레우 총리가 지시한 내용이다.

3차 구제금융을 신청하면서
그렉시트(Grexit)3)를 둘러싼 정치적 혼돈 속에서
국민투표 결과는 엄청난 표차로
채권단의 구제금융안을 반대하고

찬성표 던지면 천천히 죽는 것
반대표 던지면 빨리 죽는 것
생활고에서 벗어날 수만 있다면
어떤 정부라도 찍겠다는 시민들
분노한 젊은 세대들은 반대표 던지고

치프라스의 벼랑 끝 리더십
덩달아 박수 친 무책임한 국민
포퓰리즘 내걸고 줄타기하고 있는데
3차 구제금융 협상의 극적인 해결로
국가 부도 사태는 막았지만

치프라스 총리는 채권단에 항복하였으니
강도 높은 구조조정
국유자산의 눈물의 세일
항만·공항·철도·전력·섬들의 폭탄세일
국민의 뼈를 깎는 고통을 견뎌야 하니
사실상 '재정주권' 잃어버리고

훗날 우리의 모습은 아닐까 두렵네

---

2) 국가 부도 상태, 즉 국가가 원금상환이 불가능한 채무 불이행상태를 말함.
3) Greece exit의 합성어로 그리스의 유로존 탈퇴를 가리킴.

그 피해가 나타나는 데는 시간이 걸리고
그 빚은 후손들의 몫
이런 외국의 선례를 보고 깨달아야 하리

정당들은 다음 총선과 대선을 위해
포퓰리즘 경쟁에만 열을 올리고 있으니
공짜만 좋아하고 개혁을 미루다가는
어떤 사태가 닥칠지 모르는데

그 주범은 국민
국민이 먼저 깨어나야 한다
그리스 사태를 반면교사로 삼아
미래를 생각하고 올바른 길로 가야 하리
눈앞에 이익만 쫓지 말고

Ⅲ

민주주의와
자본주의의 행로

정치는 동물이다(?)

- 식물들의 항변

(1)

'정치는 생물이다'

정치인이나 평론가들이
예외 없이 하는 말

정치는 상황에 따라 변하니
예측할 수 없다고

국문학자들은 바로 잡아주지 않고
국민은 그냥 듣고만 있으니

식물들이 참고 참다가
직접 항변을 하고 나섰다

우리도 생물이지만
정치와는 다르다고

먹이를 빼앗기 위해 다투지도 않고
영역을 넓히기 위해 싸우지도 않고

한 곳에서 영역을 지키며

이웃과 공생을 한다고

우리는 양심을 가지고 있다
남의 영역 탐하지 않고

오직 하늘만을 향하여
뻗어 오를 뿐

우리는 정치와는 다르니
개념을 바르게 사용하라고

(2)

'정치는 동물이다'

논리적으로는 맞는 비유다
식물의 주장이다

정치권에서 벌어지는 현상
약육강식의 논리 아닌가

정치의 주체는 사람들이다
게임의 규칙이 필요한 곳

민주정치가 되려면 민주라는
가치와 절차가 준수되어야 하는데

국민에 의한 정치
국민을 위한 정치여야 하는데

정치인을 위한 정치
파당의 정치가 되다니

정치는 정도를 걸어가야 한다
국가공동체를 위한 정치

식물에서 배우자

'수관 기피 현상"1)
식물공동체가 공생하는 모습을

함께 잘 사는
건강한 공동체를 위하여

---

1) 수관은 나무의 가장 윗부분으로 줄기 끝에 가지와 잎이 달린 부분으로 서로 떨어져 공생하려는
   기피 현상을 말한다. 식물학자들은 이러한 현상을 일정한 거리를 둠으로써 햇빛을 함께 받기
   위한 공존법이라고 한다.

공동체 가치가 무너지고 있다!

- 우리나라는 불신사회가 되어가고 있으니

'공동체 가치'가 무너지고 있는 현상
우리 사회가 맞은 근본적인 위기다
자연 상태로 돌아가려는가
국가의 주춧돌은 흔들거리고

신뢰가 사라지니 서로 믿지 못하고
이기심만 작동하고 연대는 안 되고
갈등이 깊어가니 사회가 불안하고
국민통합은 물 건너간 오늘의 현실

안전의식은 애초에 없고
사회질서가 곳곳에서 무너지고
사회적 평화는 찾기 힘들고
나라의 근간이 붕괴하는 우리 사회

사회적 약자에 대한 배려 부족하고
복지제도가 아직 갖춰지지 않았고
강자와 약자가 공생할 수 있는
사회정의가 흔들리고 있고

나라가 갈기갈기 찢겨
사회적 갈등은 심해지고
편 가르기로 국민이 두 동강 나고

진영논리로 싸움만 하고 있으니

국가공동체가 무너지면
우리가 돌아갈 곳은 자연 상태
'만인에 대한 만인의 투쟁' 연출되고
'약육강식의 법칙'이 지배하는 곳

공동체의 목표는 共生
기본적 윤리는 共同善

공동선을 실천하기 위한
인성교육이 이루어지고
공동체 생활을 유지하기 위한
사회규범이 작동하는

건강한 국가공동체로
나라를 가꿔가야 하리

Democrazy(?)

- 우리 정치의 현주소

민주주의는 미쳐가고 있는가

의사결정 잘 못 하는 국회
토론과 타협은 무시당하고
다수결 원리는 일방통행이고
민생입법은 제대로 못 하고
진영논리로 싸움만 하는

국가이익은 안중에도 없고
특권은 내려놓지 않고
자신들의 부정부패에는 눈 감고
여론이 무슨 소리 하든지
자신들만의 영달을 위해 여념이 없는
소위 국민의 대표라는 분들

대의정치가 제대로 작동되지 않으니
분노한 국민
거리로 뛰쳐나오고
목청 높여 해결하려는 집단들
데모로 얼룩지는 사회 분위기

우리나라에서는 democracy가
'democrazy'로 전락하는 중

아고라 광장은 어디론가 사라지고

정치가 나라를 망치고 있다고
국민들은 아우성인데
스스로 고치려는 노력은 부족하고
개혁할 생각도 의지도 없고
자정 능력 없으니
이제는 국민이 나서야 할 때
현명하게 주권을 행사해야 한다
집단 이성이 살아나서
나라를 위기에서 건져내야 한다

우리나라에서 민주주의는
아직도 멀리 떠 있는 애드벌룬일 뿐

민주주의는 통곡하고 있다
내려앉을 터를 못 잡고

정당정치의 현주소

- 민주정치의 근원적 문제

현대국가는 정당 국가
정당 간에 경쟁 통해
국민의 선택 받는 정당이
책임지고 국정을 운영하는

우리 헌정사 돌아보면
그 행태는 과두 정당
민주적 운영 안 되고
국민의 불신만 커가고

여당도 야당도
경제와 민생은 해결 못 하고
지역과 이념에만 매달려
갈등만 빚고

국사를 논의하는 국회
토론과 타협
민주적 의사결정 절차 못 지키고
입법이 본업인 국회의원
입법은 제대로 하지 않고

특권 행사만 일삼고
부정과 부조리에 눈멀고

정파 이익만 쫓고
공천에만 목매고 있으니

국회의원은 독립된 국가기관
국민을 대변할 의무와 책임이 있는데
여당 대표 함구령 내리니
국회의원들 말 못 하고
반대의견 내놓으면
징계하는 정당의 생태

이게 민주적 정당인가
정당 이름에서 민주를 빼라
'민주'가 부끄러워 하니

정당 이끌어갈 인물 하나 없어
밖에서 차출해오는 정당
비전도 제시하지 못하고
대안도 마련하지 못하고
국민 눈에는 대안세력으로
신망을 받지 못하는 야당

정당정치에 대한 불신은 심해지고

국민은 정치가 나라를 망친다고 외치는데
정당은 구조적으로 개혁할 능력이 없고
국회는 개혁 약속을 이행하지 않고
잘못된 정치문화가 바뀔 기미도 안 보이니

정당이 국민의 신망을 잃고 나면
이름만 바꾸는 우리나라 정치문화
세계 최다 정당 보유국으로
기네스북에 올라야 할 판

정당정치는 싸움판이고
민주정치는 껍데기만 남고
법치주의는 왜곡되고
국회는 자정 능력이 없으니

결국 국민이 나설 수밖에
주권자인 국민이 감시하고
최종적으로 심판하는 길뿐
집단 이성이 발동해서

대의정치가 작동하기 위해서는

시민운동(NGO)은 어디로?

- 관변단체로 추락하는 모습

시민 권력은 민주주의의 요체
국가권력을 감시하고 견제하는
주권자인 국민의 중요한 기능
이것이 본업인데

변질되고 있는 시민운동
시민단체가 권력화 되어
감시기능 사라지고
이권단체로 전락하고

해바라기처럼 권력만 쳐다보고
정부와 한 목소리 내는가
관변단체로 전락하고 있는 시민단체
집단적 이익이 운동의 목표인가

정부지원금 · 국민 모금
공적인 목적대로 사용되지 않고
남용하고 횡령하여
국민의 불신 자아내고

때로는 대대적인 시위를 하며
여론조작에 참여하고
공론장을 교란하니

병들어가고 있는 시민단체들

진보세력은 전략적 연대를 통해
정권장악의 디딤돌로 활용되고
과도기에는 위장 전술로 임해 왔는데
요즈음에는 노골적으로 드러내고

국가와 시장을 감시하는
시민운동의 본래 기능
제대로 작동해야
민주주의가 건전하게 작동하는데

지금 시민운동은 몰락하고 있는가?

언론은 누구의 편인가?

- 언론이 가야 할 길

민주국가에서 언론
제4의 권력
시민 권력의 한 축
여론의 형성자

언론의 기능은
정보의 제공
권력의 감시·통제
시민교육의 역할

정치 중립적 입장에서
국민을 대변해야 하는 언론
두 진영으로 갈려서
서로 삿대질하며 싸우고 있네

언론이 권력을 쫓아서는 안 되지
제 기능 다 하면
국민의 힘 실리고
스스로 권력이 되는 것

언론이 돈을 쫓으면 안 되지
돈의 흐름 보이면
국민의 신뢰 사라지고
正論으로 서지 못하고

언론이 진영논리에 가담하면
절대로 안 되지
시간이 흐르면
국민이 심판하리니

언론은 주권자인
국민의 편에 서야 하고
역사 앞에서
정도를 걸어가야 하는 법

시민 권력

- 새로운 권력의 출현

권위주의 시대는 지나가고
시민사회가 성장하면서
등장한 '시민 권력'1)
국가권력에 대응하여

참여민주주의가 활성화되고
NGO가 이끄는 사회운동
국정 감시기능 수행하며
인권을 보살피고
공익을 보호하는 데 이바지하고

사이버공간에서는
수많은 정보가 네티즌에 의해 제공되니
정보의 분산으로 국가권력은 약해지고
네티즌의 힘이 모여
시민 권력이 강화되고

시민 권력은 '제도화되지 아니한 권력'
정보를 함께 나누고
권력을 감시함으로써
국가권력과 국민 사이에
매개 역할을 하고

---

1) 윤명선, 인터넷 시대의 헌법학, 121-122면.

시민 권력은 대의제의 결함
보완할 수 있지만
부정부패의 늪으로 빠지면
국정 운영에 방해가 되고
여론을 잘 못 이끌 수 있으니

입헌주의 틀 속에서
민주주의의 요구에 따라
국민의 이익을 위해
건전하게 기능할 때

권력의 한 축이 되고
민주주의의 꽃 만개하리니

철모르고 핀 벚꽃

- 그런 군상들도 있지

찬바람 불어오는 가을
남쪽 지방에서
활짝 핀 벚꽃
세상을 붉게 물들이고 있네
잠시 연출된
'생기가 느껴지고 활기찬 기분'
휴대전화로 사진 찍고
마음속에 추억 담고
지나가는 사람들 마음 설레게 하지만
이상기후가 보내주는
자연의 선물인가
인간에게 던지는 경고인가
기온이 오르자
"벚나무가 계절을 봄으로 착각하고
꽃을 피운 것"
과학적 설명이다
우리 사회에도
벚꽃 같은 무리 있으니
계절 모르고 날뛰는 군상들
지금은 늦가을인데 여름으로 착각하고
알몸으로 활보하는 무리
사람들 눈살 찌푸리게 만드네
제철로 돌아가 정상으로 살아가야지

벚꽃처럼 계절 착각하지 말고

순리대로 사는 것: 삶의 이치인데

부동산정책의 난맥상

- 책임정치의 실종을 보고

책임정치는 민주정치의 요체

주권자로부터 위임 받은 권력
권력 행사는 통제 받아야 하고
행사 결과에 대하여는 국민에게 책임지는 것
국민주권원칙의 기본이거늘

현 정부가 내놓은 부동산정책 물경 23번
담당 장관은 4번이라고 다른 소리 하지만
기네스북에 오를 자격 충분하지
부동산 문제 단기간에 이처럼 많은 정책
남발하는 나라 또 있을까

대책이란 완벽하게 나와야지
정확한 진단과 합리적인 처방 통해
국민이 실험 대상인가
정책의 실패 인정 않고
책임 질 생각은 아예 없고

고위 공직자들 대응행태 보면
"내가 하면 투자, 네가 하면 투기"
모든 것은 '내로남불'로 통하고
정책 실패의 원인은
전 정권 탓·과잉 유동성 탓·다주택자 탓

'남 탓'만 하는 정부

계급적 프레임으로 설계한 부동산정책
결과적으로 주거 사다리 없애고
"모든 동물은 평등하다
어떤 동물은 더 평등하다"
오웰의 동물농장 연상시키고

국민의 원성 안 들리는가?

들썩이고 있는 부동산시장
가격 안정 못 시키고 거듭되는 정책 실패
주무장관은 스스로 책임지고 물러나거나
대통령은 책임 묻고 교체해야 하는데

마이동풍이다

책임은 대통령에게 지는 게 아니고
주권자인 국민에게 지는 것
책임정치 부정하는 건
민주정치에 대한 배신

정책이 실패했으면
국민에게 솔직하게 사과하고
책임자에게는 책임 묻는
민주정치 본연의 모습으로 돌아가기를

국민이 정책을 믿고 따를 수 있도록

'바보야, 문제는 경제야'[1]

- 경제는 하부구조

국민의 최대 관심사
먹고 사는 문제

대통령선거 때 가장 쟁점이 된 문제
성장이냐 복지냐
이념논쟁이 아니라
실용적으로 풀어야 하는

자유주의는 경제적 불평등 낳고
사회주의는 빈곤의 평등 남겼고
극단적 정책
둘 다 실패했으니

자유냐 평등이냐
선택의 문제가 아니라
양자가 조화를 이루는 화학적 결합인
'합'의 길로 가야 한다

복지보다 경제가 먼저
경제성장이 이루어져야
파이가 커지고

---

1) 클린턴 미국 대통령의 재선 운동 때 선거구호였다. 경제를 살린 것이 최대 업적이었고, 이 구호가
그의 재선을 일구어냈다.

일자리가 생기고
더 많은 분배와 복지를 할 수 있으므로

하부구조로서의 경제가 튼튼해야
상부구조인 정치문화가 건강해지고
권력제도가 잘 기능할 수 있으니

경제정책이 바로 서야
국가공동체가 건강해진다

1 vs. 99

- 빈부격차의 문제

세계적인 화두 1:99의 문제
1%의 부자가 부를 독차지하니
99%의 빈자들이 원성을 내고

피케티[1]는 자본수익률이 높으면
불평등을 가져온다고 경고하고
맨큐[2]는 부의 불균형은 경제에 이바지한
당연한 보상이라고 하고[3]
그래서 어쩌라고[4]

경쟁 사회에서 부의 격차는
불가피한 현상
공동체 안에서 지나친 부의 격차는
적대적 현상

양극으로 맞서고 있는 두 이론
서로 끌어안아 보완할 수 있는
합을 이루어야 하리

---

1) 피케티는 파리경제대학 교수로서 '21세기의 자본'이란 책을 펴내 일약 진보경제학계의 거목으로
   부상하였다.
2) 맨큐는 하버드대학의 교수로서 '맨큐의 경제학'이란 책을 펴냈으며, 조지 부시 대통령의 경제자
   문위원장을 지냈다.
3) 미국 보스턴에서 열린 전미경제학회가 주최한 학술대회에서 만나 빈부격차의 문제를 둘러싸고
   서로 자기주장만 하고 끝났다
4) 맨큐의 발표문 제목임.

성장과 복지도 선택 문제 아닌
선순환의 문제일 뿐

공생의 길로 가기 위해서는
파이를 키워야
더 많은 것을 나눌 수 있으니

성장 먼저
복지 보완의 형태[5]로 나가야 하리
건강한 국가공동체를 이루기 위해서는

---

5) 여론조사에 의하면(한국갤럽), '복지 우선'이 36%인데 반해 '경제 우선'이 58%로 22%나 많은
   것으로 나타났다.

복지논쟁

- 새로 복지 판을 짜야

세계적인 화두
복지제도
대통령선거에서도 당락을 가르는
중요한 문제

일반복지냐 선별복지냐
무상복지냐 증세 복지냐
정치판은 자기주장만 하고
국민은 그 물결 따라 춤추고

국가는 재정 능력이 모자라고
성장잠재력은 떨어지고 있는데
'표(票)퓰리즘'의 파도가 넘실거리니
정치복지가 출렁거리고

요람에서 무덤까지는
지속 불가능한 복지제도
선진국들은 복지실험에 실패하고
복지 판을 새로이 짜고 있는데

'표퓰리즘'은 실패하고 마는 법

우리도 다시 판을 짜야 한다

정부·기업·전문가·국민
사회적 대타협을 통해서

새로운 복지국가의 모델

복지 선진국의 발자취를 돌아보면서

'소득 주도 성장'론

- 분배이론 아닌가

'소득 주도 성장'
'성장 주도 소득'
거꾸로 쓴 것 아닌가?

경제가 거꾸로 가는 걸 보면

소득이 성장을 이끈다(?)
'소주성'은 경제이론이 아니라
분배정책에 속하는 것

경제가 성장해야
소득이 늘어나고
일자리 창출되고
복지에 사용될 파이가 커지는 법

최저임금 상승 좋지만
무리한 상승 자영업 일자리만 줄이고
근로 시간제 단축 바람직하지만
서비스 부족 같은 다른 폐해 낳고

'소주성' 정책은 결과적으로 실패하고 마니

정부의 임무는 경제 성장의 동력 만들어주고
가능한 한 규제 풀고

갈등적 노사관계 해결하고
성장 환경을 조성해 주어야 하는 것

소득 올리고 평등하게 사는 세상
이상적 사회이지만
그런 세상 추구한다는 나라들
다 망하는 걸 보면

결과에 있어서 평등
절대적 평등은 없고
실현될 수도 없다는 것
역사가 증명하고 있네

경제에는 경제법칙이 있고
순리대로 발전하는 법
순서가 바뀌니까
경제가 거꾸로 가는 것

반드시 막아야 하네
정책은 의도가 아니라 결과로써 평가받는 것
일련의 경제정책이 경제성장을 가로막고
전반적으로 경제침체 초래했으니
이제라도 과오를 시인하고 바꾸는 것이 정도이다

이념적 스펙트럼 바꾸지 않고
직진만 하면
경제는 더욱 망가질 텐데

'재정준칙' 만든다고 하는데

- 헌법정신에 어긋나는 고무줄 준칙

정부의 시안 '한국형 재정준칙'
어느 나라에서도 못 본 신형 준칙
이게 재정준칙인가?

'맹탕 준칙'

국가채무나 재정적자
상한 한도를 법으로 정하여
정부가 마음대로 지출 못 하도록 만드는
제도적 장치가 재정준칙인데(조세법률주의(헌법 제59조))

국가채무 마지노선 40% 깨고
이미 그 비율 43.9%로 급증하였고
국가채무비율 GDP의 60%로 상향 조정하는 것
유일한 지표일 뿐

경제위기 상황에서는 준칙조항 면제하고
경기 둔화 상황에서도 통합 재정 수지 적자
4%까지 허용하고
예외조항이 많아
재정통제의 실효성 기대할 수 없는

'고무줄 준칙'

정부는 임기 말까지 아무런 통제도 없이
합법적으로 계속 빚을 늘릴 수 있고
임기가 끝나는 2022년에는 50%를 넘어선다니
이처럼 방만한 재정운영은 지속될 것이고
선심은 정부가 쓰고 부담은 국민이 지고

'무책임 준칙'

2025년부터 시행한다는 것은
그 전에는 원칙 없이 합법적으로 지출하겠다는 것
현 정권에게는 면죄부 주고
빚 부담 책임은 다음 정부
다음 세대에 넘긴다는 것

'먹튀 준칙'이라는 말 나오고

지금까지 해온 걸 보면
어떻게 집행할지 눈에 선하게 보이네
민심 사기 위해 마구 돈 뿌리고
집권 연장 위해 표퓰리즘 펼치고

재정지출사항은 입법사항
구체적 내용 시행령에 위임하는 건
국회의 권한 박탈하는 것
법률 자체가 법치주의를 파괴하는 것이다

'재정준칙의 정치화'

이를 막는 것은 야당의 몫이지만
소수정당으로서 한계가 있으니
세금을 내야 할 국민에게 묻고 싶다
어떻게 대응할지

아, 이 폭주 어찌할꼬?

경제정책의 허와 실

– 정치는 결과에 대한 책임을 져야 한다

거꾸로 가는 경제
목표에 문제가 있고
출발이 잘못 되었고
방법이 그릇되었으니

국가채무비율 41.4%로 수직상승
빚 증가율이 경제성장률의 7배
국가채무가 IMF의 권고 상한선 60% 육박
국가재정의 지원 필요성은 늘어나는데
국가의 재정준칙도 없다니

경제문제는 순리적으로 풀어야 하는 법
정부의 역할은 경제성장 위한 동력 키워주고
경쟁력 키울 수 있는 환경 만들어야 하는데
규제 일변도로 경제 압박하니
가장 기업 하기 힘든 나라 되고
많은 기업체들 외국으로 빠져나가고

가장 시급한 해법은 성장이다
'분배보다 성장이 먼저'
그 과실로 분배는 하는 것
이 순환논법이 경제원칙 아닌가

경제회복과 코로나 극복 위한
새로운 국가발전전략으로 내놓은
한국판 뉴딜정책

경제 구조 혁신에 필요한 핵심적 정책 안 보이고
재정 중심에 의존한 공공 일자리 만들기에만 매몰되고
경제 활성화 위한 기본적 대책 안 보이니
우리 경제 미래가 안 보이고

세계 환경은 자국 우선주의로 전환하고
미·중 갈등의 격화는 불리하게 작용하고
폭증한 빚들이 경제를 어지럽힐 것이고
전통 제조업이 쓰러져가고
신산업이 성장해야 하는데

'한 번도 경험해보지 못한 나라'

악화 일로를 걷는 경제
정치는 결과로 말하라
남의 탓이나 하고 있을 것인가
숫자놀음이 무슨 소용 있나
국민의 체감온도가 모든 걸 말하지

이제 경제정책은 바른길로 가야 하리
경제도 살릴 수 있고
경제 정글에서 벗어날 수 있고
나라의 미래도 열릴 수 있도록

IT 기술의 빛과 그림자

- 부작용을 막아야 하리

문명을 발전시키고
생활의 편리함 주지만
많은 부작용 나타나고
사회질서 어지럽히는
IT 기술의 발전

산업발전 위해 규제를 가능한 없애라는 주장
부작용을 없애기 위해 규제를 강화하라는 주장
IT 산업에 대한 법적 대응
첨예하게 맞서고 있고

IT 강국으로 부상한 우리나라
사이버공간에서 많은 부작용 나타나니
사회적 문제 심각해지고
이해관계 대립하고 있고

IT산업의 발전은 장려하지만
그 부작용 눈 감아서도 안 되고
과학 발전과 국제적 흐름으로 풀되
심각한 부작용은 막도록 규제해야 하리

IT 발전으로 표현의 자유 활성화되고
직접민주주의가 강화되는 순기능 하는 한편

사생활의 침해·명예훼손 심지어는 생명권까지
마구 침해되는 사이버공간

우리 사회는 분노 사회
익명성으로 인해 마구 분출되는 분노
사적 이익을 추구하기 위해
사회질서를 파괴하는 반사회적 행위들

사이버공간은 천사들의 공간이 아니라
다름 아닌 인간의 공간
해방공간이 아니라
질서와 안전이 필요한 공간

적절한 법체계가 조속히 형성되어
법의 지배가 이루어지기를
여러 가지 부작용 제거하고
살기 좋은 공간으로 만들어지기를

IV

법치냐 통치냐:
그것이 문제로다

법치주의는 어디로 가고 있는가?

- '대한文国 법률용어집'을 읽고

'대한문국 법률용어집'[1]
많은 사람들의 공감 얻고 있네
현 세태를 잘 묘사하고 있으므로

오랜만에 한자를 읽어가며
법률용어들을 들여다보니

사법부는 법이 죽고 썩어 있고(死法腐)
헌재는 나라에 재앙을 안겨주고(獻災)
법원은 법과는 거리가 멀고(法遠)
판결에는 올바른 판단이 결여되어 있고(判缺)
법무부는 법이 없을 정도로 썩었고(法無腐)
장관은 행패 부리는 꼴이 볼 만하고(壯觀)
검찰은 칼을 갖고 옳은 사람을 누르고(劍搽)

법치주의는 '헌법에 의한 통치'를 말하는데
헌법이 준수되지 않고
헌법정신이 배신당하고
'헌법 국가'로부터 멀어져가는 정치행태

권력분립주의의 기본정신은 견제와 균형인데
권력의 인격화로 대통령에게 권력이 집중되고

---

1) 소셜미디어 통해 전파되고 있는 한자로 표기된 법률용어집.

입법은 헌법에 기속 되어야 하는데
위헌적 법률 양산하고

사법기술을 보이는 법원의 판결 보고
이념적 색채를 나타내는 헌재의 결정 보고
법원마저 진영논리에 이끌려가고
법은 죽었다고 생각을 하게 되고
법을 공정하게 집행하지 못한다고
법무부와 장관을 질타하고

사법의 불공정성을 지적하는
유전 무죄 무전 유죄
유권 무죄 무권 유죄
이제는 '친문 무죄 반문 유죄'가 회자하고

사법의 정치화가 곳곳에서 드러나고
사법에도 진영논리가 적용되고
'우리 편은 무죄 너희 편은 유죄'
'우리가 하면 정의 너희가 하면 불의'

사법 정의는 어디로 가고
법은 누구의 편인가

사법 정의의 최후의 보루인 법원
정의를 실현할 책임을 진 법무부
법치주의가 무너져가고 있으니
국민의 불신 풍조

가슴속에 뼈저리게 스며들고

사법권의 정당성은
정치적 독립성과
공정한 재판에서 오는 것
신뢰를 잃으면
법치주의는 붕괴하고 마는 법

아 슬프다!
누가 법치주의를 바로 세우고
누가 사법 정의를 실현할 것인가

법이 살아있어야
나라 기강이 바로 서고
국가공동체가 건강해지는데

多視漢字路(다시 한자로)

- 司法正義는 어디로!

漢字 사용 안 하고
한글 전용한 지 얼마인가
인터넷에 뜨고 있는 漢字들
나라가 비정상적으로 굴러가니
현실 풍자하는 한자들
다시 한자를 사용해본다

경기지사 선거법 위반 사건 상고심에서
괴상한 논리로 무죄 취지로 파기환송하고
울산시장 선거 관련 선거사범에 대한 재판
감감무소식이고
휴대전화 영장청구에서
현 정권의 유력인사들의 경우는 기각하고
현 정권에 비판적인 인사들에게는 발령하니

사람들은 법이 죽고 법원이 썩었다고
死法腐라고 부르고
법이 너무 멀리 있고 정의는 안 보인다고
法遠이라고 부르네

대법원장 임명될 때부터 우려했던 사람들
드디어 그때가 왔구나 하고 한숨만 쉬지
대법원의 대법관 14명 중

어느덧 현 정부에서 임명된 7명
전원재판부의 반수를 넘어서니
判例傾向이 어디로 흘러갈지 뻔할 뻔 자고

有權無罪 無權有罪
실증적으로 보여주기 위해 법원은 존재하는가
정의를 마지막으로 지켜야 할 법원마저
獨立性·公正性·(법적) 安定性 지키지 못하면
사법 정의는 어떻게 기대하나
法治主義는 어디로 가고

법치를 파괴하는 최고의 기술자는
법률가라는 것을 여당 국회의원들 보여주고
이제는 법원 개혁까지 한다고
대법관을 증원하고
대법관 구성을 다양화시키고
외부통제의 길을 트자고 하면서

정치권은 믿을 수 없지만
법원만은 믿어 왔는데
적어도 '법조적 양심'[1]은 살아있다고
이러한 믿음이 사라지는 날
정의도 국가도 믿을 수 없는 세상이 되고
'이게 나라냐'라고 국민들은 아우성치고

---

[1] '법조적 양심'이란 법관 개인의 주관적 양심이 아니라 법관으로 서 가져야 할 객관적 양심을 말한다.

弱肉强食의 원리가 법 적용에서도 나타나면
국가공동체는 무너지고
다시 自然狀態로 돌아가자는 말인가
진영논리로 싸우는 정치 보기도 싫으니
차라리 자연 상태로 돌아가
자연 맛이나 누리고 살자는 말이 나올 지경이지

이렇게 사법 정의가 무너지고
나라가 망가질 수가 있구나
이제 政治는 믿을 수 없고
정치에 맡길 수도 없고
이제는 누가 나서야 될까

누가 말했던가
'불의가 법이 될 때
저항은 국민의 의무가 된다'라고

集團理性이 살아나
주권자인 국민이 나설 수밖에

깨어나라!
국민들이여

법이 묻고 있다

- 狂法時代에 돌입하다

떳법 위에 광법이 있다?

'엄마가 장관이 아니라서 미안해'
국민의 원성이 인터넷을 달구고
법 위에 권력이 있으면
바로 독재로 가는 길

누구도 법 위에 있을 수 없다
법 뒤에 숨어도 안 되고
법무부 장관도 대통령도
모든 국민은 법 앞에서 평등하다[1]

범죄혐의자는 혼자서 아니라고 우기고
같은 진영 사람들은 진영논리로 옹호하고
고소·고발되어도 수사가 지지부진하고
사법기관은 묵묵부답이고

지난 정권들에서는 대통령 아들이나 형도
범죄혐의로 구속되었는데
현 정권에서는 자신들의 혐의는
무조건 덮으려고 하니
국민이 이 정권의 법치를 믿겠는가

---

[1] 헌법 제11조 제1항.

옳고 그름의 진위 문제
호·불호의 문제로 변질되니
기존의 가치체계 무너지고
국민의 가치관 혼란으로 빠지고

편 가르기로 싸움만 하는
진영논리
우리는 옳고 너희는 틀리다
내로남불의 전형이다

법은 도외시하고
국민은 아랑곳하지 않고
양심의 소리는 들리는지
역사의 눈초리가 무섭지 않은지

정의도 두 동강이 나고
나라가 두 토막이 되고
정치는 싸움판이 되고
법치도 편 가르기하고

국민은 묻는다
법이 살아있느냐
정의란 무엇이냐
누구를 위한 법이냐

1980년대에 뗏법이 등장해서
헌법 위에 뗏법 있다고 하더니

이제는 더 나아가
그 위에 '광법'이 활개 치고 있네

헌법이 신음하고 있네
만신창이로 만드는 법 때문에
누가 헌법을 살려줄 거야
제도적으로 안 되면

주권자인 국민이 나서는 길밖에
헌법을 살리고
법치주의를 회복하고
나라를 건져내기 위해서는

권력의 인격화

- 인사권 행사와 관련하여

헌법상 대통령의 권한
헌법이 정한 대로 행사하도록 한 것
'권력의 제도화'라고 부르고
자의적으로 권한 행사를 하면
'권력의 인격화'라고 부른다

법 위에 권력이 군림하고
권력의 인격화 이루어지면
법의 지배가 아닌
'인간의 지배'가 되고

권위주의로 흐르고
독재로 가는 법
국민으로부터 위임 받은 권력
마음대로 행사해서는 안 되는데

인사가 만사라면서
코드인사
회전문 인사
보은 인사
내 마음대로 인사

인사가 亡事가 되네

임명되면 대통령만 쳐다보고
국민에게는 책임지지 않는 행태
국민의 원성 자자해도
책임 묻지 않는 대통령의 태도

정권이 무능해지고
책임정치 멀리 가고
비리가 곳곳에서 생기고
정권문제들이 제기되니

칼을 손에 쥐었다고 마구 휘두르다간
결국 자신까지 찌르는 흉기가 된다는
교훈 되새겨야 하리
역사의 단두대에 서지 않으려면

권력 행사에도 적용되는 만고불변의 원리
'절제의 미학 = 과유불급 = 중용사상'
권력이 정당성을 얻고
민주주의가 살아나기 위해서는

대통령의 인사권 견제하기 위한
제도적 장치가 시급한 과제다
국회가 거부권 행사하는 경우
임명할 수 없도록 법으로 마련하는 것
인사 실패 되풀이되지 않기 위해서는

국무총리제는 필요한가?

- 국무총리 수난사

정말 총리가 필요한가
어느 총리가 물러남에 따라
사람들이 던지는 질문이다
인사가 만사라면서
망사가 되니

의원내각제 총리가 아니고
대통령제 부통령과도 다른
대통령제와 의원내각제
조합과정에서 생겨난 기형아
우리 헌법상 국무총리제

의전 총리
마담 총리
대독 총리
방탄 총리
그 별명도 가지가지

헌법상 국무총리의 권한
국무위원 제청권과 해임건의권
형식적으로 절차만 거칠 뿐
실제로 행사된 경우가 있었던가

'일인지하 만인지상'(一人之下 萬人之上)
대통령의 권한도 제도적으로 행사되어야 하리
국무총리가 헌법상 국무위원 제청권
실질적으로 행사함으로써

국면전환용인가 민심 수습용인가
실질적으로 권한 행사는 못 하면서
정국이 파탄 맞으면
대통령의 책임 대신 지고 물러나는 존재
대통령의 무책임만 키우고

계속 이어가는 국무총리 잔혹사
국무총리 무용론까지 나오는 형국
헌법상 제 기능 할 수 있는
존경받는 국무총리를 보고 싶다

'경찰국가'로 가는가?

- 검·경 수사권 조정안을 보고

오직 대통령만 통제할 수 있는 나라(?)
국가기관 간 견제와 균형의 원리
작동하지 않는다면

1차 수사권·5급 이하 공직자 수사권
국정원의 대공수사권
기존의 3천여 명의 정보 경찰
막강한 권력 경찰에 부여하면

경찰이 강력한 권력기관으로 등장하면서[1]
다른 국가기관이 통제할 수 없고
오로지 대통령만 명할 수 있는 공룡 경찰
어떻게 통제할 것인가

대통령이 경찰청장 임명하면
경찰은 대통령의 명령에 의해 움직일 테니
정치적 중립성은 기대할 수 없고
경찰 감찰위원회나 자치 경찰위원회 설치해도
자문기구에 불과하니 통제 안 될 것이고

경찰 권력이 정치화되고
권력이 전제적으로 행사되고

---

1) 권력기관 개편안.

권력유지를 위한 도구가 되고
공룡 경찰이 되어
나라를 지배하게 되면

문자 그대로 '경찰국가'가 되는가

그 위에 공수처가 설치되어
고위 공직자를 수사하게 되면
법원도 검찰도 정치화되어
사법의 독립성 유지하기 힘들고
사법 정의 기대하기 힘들고
시장 투명성의 강화 명목으로
'부동산감독원'을 추진한다니
자율의 상징인 시장마저 집중 관리하는
'부동산 경찰국가' 만드나

지금 이 나라는 어디로 가고 있는가?

역사를 아는 사람은 누구나 알지
경찰국가가 어떠한 나라인지
'전체주의국가'로 가는 길
인류의 공적이고
역사의 퇴물인

오랜 기간 피와 땀 흘려 쌓은
민주화와 산업화
OECD 국가
10대 경제 대국

허물어버릴 수는 없지

국민들이여!

"미네르바의 부엉이는 황혼이 되면 날기 시작한다"

근간이 흔들리고 있는 나라
집단 이성 잠에서 깨어나
나라를 지켜야 하리
역사가 퇴행하지 않도록

'고위공직자범죄수사처법':
무엇이 문제인가?

- 합헌적 법률인가?

법의 이름으로 헌법의 기본원칙 깨고
다수의 이름으로 악법 만들고
현 정권이 지향하는 미래상 드러낸
'고위공직자범죄수사처법'(공수처법)

공수처법은 헌법위반이다
입법절차에 문제가 있고
권력분립의 원칙
사법권의 독립성
헌법의 기본원칙 훼손하므로

검찰개혁의 일환으로
검찰의 기소독점권 배제하고
검찰의 정치 권력화 막고
사법기관을 견제하기 위한 것이라는
입법목적

입법사항이 아니라 헌법개정사항이다

수사대상자로 국가기관 망라하고 있지만
모두 검찰의 수사권 대상이었던 기관들
실제로 겨냥하는 대상은 법관과 검찰

사법부의 독립성 침해하고
법치주의 흔드는 것이 입법목적인가

공수처법이 시행에 들어가면
사법기관의 독립성과 정치적 중립성이 무너져
법관은 양심에 따라 재판하기 힘들고
검찰은 선별적으로 기소를 해서
사법 정의는 물 건너갈 것이고

법 위에 권력이 올라서고
모든 권력 대통령에게 집중되면
국회는 대통령 견제 못하고
법원은 편향적 판결로 불신당하고
법치주의는 껍데기만 남게 되고

민주국가에서는 채택하고 있지 않는 제도
전체주의국가에서나 볼 수 있는 현상
공수처법의 위험성 여기에 있으니
'대네수엘라'[1]라는 용어가 등장하고

야당이 위헌소송 제기해
헌법재판소에서 심의 중이지만
어떤 결정이 나올지
헌법의 운명이 걸려 있고
나라의 미래가 달려 있지

---

1) 대한민국과 베네수엘라의 합성어.

야당의 공수처 위원 제청 반대로
기구 출범이 안 되자
법 개정에 들어갔다[2]
그들만의 공수처 만들기 위해

'소수의견이 다수 결정을 따르지 않는 건 비민주적이다'
이런 논리로 야당의 비토권 무력화시키고
헌법재판소 사무처장에게는 공수처법 위헌심판
조속하게 결론 내라고 압박을 하고

대법원마저 공수처법 개정안에 반대의견을 내놓고
"헌법정신과 가치에 부합하는 수사기관의 권한과 책무·수사기관 간
견제와 균형의 원칙이 손상되지 않아야 할 것"이라며
공수처가 비대해지고
검찰과 경찰의 상위기관으로 군림할 것을 우려하며

경찰청도 공수처법 개정안에 반대하고 있는데

"공수처가 대검찰청과 경찰청의 상위기관이 아니다"라면서
수사관 인원·처장 직무권한·고위 경찰 이첩 등에서
손질을 해야 하고
공수처장 요청에 기관장들이 수사협조에 응하도록 한 것은
"행정기관의 직무 재량권을 침해할 수 있다"라고 지적하고

여당은 다수결이라는 명목으로

---

2) 교섭단체에 각 2명씩 부여한 추천권을 국회가 4명 추천하도록 하고, 공수처장 추천 요건을 7명의
의원 중 6명의 동의를 얻도록 되어 있는 것은 5명으로 낮추어 야당의 견제권을 없애며, 수사관 임
기를 연장하고, 자격을 5년으로 낮추는 개정안을 제출하였다.

공수처법 개정을 밀고 나가려고 시도하겠지
공수처장을 여당 입맛에 맞는 사람으로 앉히고
수사관의 임기 연장해서 다음 정권에서 임명 못 하도록 하고
경력 기간을 단축해서 젊은 변호사들로 충당하고
정권비호기관으로 만들겠다는 의도가 명확하니

공수처법이 시행되면
헌법이 어떤 모습으로 변할지
나라가 어떤 방향으로 흘러갈지
그 미래상 훤하게 보이네

헌법이 경고하고 있네
나를 파손하지 말라고
역사가 증언하고 있네
나를 멈추게 하지 말라고

국민은 어떻게 대응할지
묻고 싶네

다수결 원칙의 정당성은?

- '절차적 민주주의'가 위협을 받고 있다

여당이 절대 다수당이 되면서 우려했던
다수당의 일당독재
토론과 타협이 안 되는 우리 정치문화
다수결의 이름으로 밀어붙이는 정치행태
여지없이 드러나고 있는 현실

최근 부동산 3법 처리 과정에서
상임위원회에서는 법안 내용도 공개 안 하고
심의과정도 생략하고
본회의에서 강행 처리한 여당
과거 군사정권하에서도
최소한의 토론과정은 거쳤건만

법안 내용 공개 안 한 것은
의사공개의 원칙을 무시하고
심의과정 안 거친 것은
토론과 타협의 과정을 생략하고
다수의 힘으로 밀어붙인
반민주적인 처사

민주주의는 '상대주의'에 기초하고 있다
다원적 사회를 인정하고
토론과 타협으로 의사결정 하고

소수자를 보호하고
다수자의 절대성 부정하는

절차적 민주주의 무시하고
절차적 정당성 결여한
일당독재
민주주의 원칙 배신하는 폭거
민주주의는 위협을 받고 있다

악마는 디테일에 있는 법
법 내용 숙의 과정 없이 통과시키면
그 내용의 정당성인 실체적 타당성을 넘어
그 법은 원천적으로 무효다

현재 야당의 통제방법이 없는 상황에서
유일한 제도적 장치는 위헌심판
현재 헌법재판소의 구성[1]을 볼 때
위헌판단이 나올지 의문이고

여당 대표는 "속도가 중요하다
다수당인 지금이 입법과 개혁의 최적기"
라면서 바꿀 것은 다 바꿔야 한다니
무엇을 바꾼다는 것인지
절차적 민주주의를 무시하는 독선적 행태
반 헌법적 태도로

---

1) 헌법재판관 9명 중 현 정권에서 임명한 헌법재판관이 5명으로 반수를 넘으니 위헌판단을 기대
하기 힘들다.

제동기 설치 안 된 국회
국민의 여론이 막을 수 없고
운전자가 스스로 브레이크 안 밟으면
과속으로 필시 사고가 나는 법
난폭운전이 교통사고를 유발하는 시대가 왔다

이 나라의 민주주의와 법치주의
어디로 갈 것인가?
나라가 망가지는 것은 잠깐
제도적으로 막을 수 없다면

국민이 직접 나서는 수밖에

그럴 줄 알았어!

- 대법원의 '전교조 법외노조 통보 위법' 판결을 보고

알 만한 사람들은 다 우려했지
김명수 대법원장의 임명
법원의 판결 경향을 알리는 신호탄
현 정권에서 코드인사를 한 대법관 수가 절반을 넘어서니
이제 본격적으로 시작되는 편향된 판결들
'코드판결'

'사법의 정치화' 이루어지니
법원의 정치적 중립성 물 건너가고
대법원이 춤추고 있네
정치 깃발을 높이 들고
정권 나팔 소리에 발맞추며

해직자의 노조가입 금지한 법률
합헌이라는 헌법재판소의 결정 뒤집고
법률에 보장된 노동 3권
시행령으로 제한한 '전교조 법외노조 통보'
법률유보원칙에 반하여 위법이라고 판결했으니[1]

전교조의 합법화
법리를 결론에 꿰맞추는 '답정판'[2]

---

1) 대법원은 이번 사건에서 "현직 교원이 아닌 사람이 교원노조의 의사결정에 개입하면 노조의 자
주성을 해칠 수 있다"라며 합헌결정을 내린 헌법재판소의 결정에 반하여 결사의 자유에 대한
제한은 법률로만 가능한데, 시행령에 의해 결정했기 때문에 무효라고 판결을 내렸다.

기교판결
曲判阿文(곡판아문)'3)이란 말 회자하고

소수의견은 대법원이 법을 해석하지 않고
법을 창조했다고 비판한 것처럼
사실상 전교조의 정치 활동 합법화시키는 판결
법적 판결이 아니라 정치적 판결이고

근거 법률이 미비하면 입법촉구를 해야지
자의적 해석으로 법을 창조해서는 안 되는 걸
사법체계와 법질서의 안정성을 무너트리는
정치적 판결이요 입법적 행위이니

이재명 경기지사에 대한 지사직 유지 판결
은수미 성남시장에 대한 사실상 면죄부 판결
앞으로 코드판결 줄줄이 나오겠지

진영논리가 적용되니
정의 원칙이 다르고
법 적용방식이 다르고
자의적 법 해석
사법부도 갈라놓고

대법원은 어디로 가고 있는가
법치주의가 울고 있다
누가 나를 지켜줄 사람 없는지

---

2) 답을 정해놓고 내린 판결을 약어로 만든 것.
3) 판결로써 대통령에게 아부한다는 말.

법관은 '법조적 양심'에 따라 재판하여야 한다

- 광화문 집회에 대한 법원의 태도를 보며

법원은 개천절 대면 집회를 금지한 경찰의 처분
'경찰의 금지 처분을 취소해 달라'라는
보수단체의 행정소송과
금지 처분 효력을 정지시켜 달라는 요청을 기각했다

공공의 안녕에 대한 명백한 위협이고
코로나 확산을 막기 위한 조치로
집회의 자유에 대한 침해가 아니라면서

그러자 보수단체들은 차량 행진을 하겠다고
허가 신청을 냈지만 같은 이유로 기각했다

대면 집회의 경우
집회의 자유보다 방역이 우선이라는 논리는 정당하지만

차량시위의 경우 방역문제는 일어나지 않으니
시위법에 의해 판단할 문제로
정부가 전면적으로 시위를 불허한 것은
과도한 제한인데

법원은 일부 신청에 대하여
9대 이내로 차량시위를 하는 것을 허가했다
집단전염을 막기 위한 조치로 9가지 조건을 붙여

건강권과 집회의 자유를 이익 형량하여
판결한 법원의 접근방식은 정당하지만
그 범위에 관하여는 이견이 있을 수 있으니
집회의 자유를 좀 더 열어줄 수도 있건만

광화문 일대를 원천봉쇄한 사진을 보니
언젠가 보던 모습 같고
미래 어느 날 볼 수도 있을지 모르는
형상이 떠올랐으니
나만의 생각일까

한글날 세종대왕께서는 차벽에 둘러싸여
아무도 찾아오는 사람 없으니
얼마나 외로우셨을까
그 감회는 어떠했을까 궁금하네

전철은 그냥 지나치고
불심 검문을 하고
시민들의 접근 원천봉쇄하니
일반 국민의 통행의 자유를 침해하는
과도한 방역 조치로 비난 받아 마땅하고

이곳에서 촛불 집회를 통해 얻어낸 정권
이곳에서 정부 반대 시위 못 하도록
방역을 이용하는 정치방역
코로나 19는 여러 가지로 기여하고 있네

법관은 직무상 독립하여 재판해야 하므로[1]
정치적·사회적 독립
소송당사자로부터의 독립
내부적 간섭으로부터의 독립
공정한 재판을 위해 필수적이고

법관은 오로지 '헌법과 법률'에 의하여
'양심'에 따라 독립하여 심판한다[2]
양심이란 '법관으로서의 직업적 양심'(법조적 양심)
개인적·주관적·심정적 양심이 아니라
객관적·윤리적·논리적 양심을 의미하는

정치적 성향에 따라 판결이 달라서는 안 되고
주관적 양심에 따라 판결이 차이가 있어서도 안 되고
법리상 누구나 수용할 수 있는 판결이어야
공정한 재판이 되고
국민이 수용할 수 있으니

---

1) 윤명선, 인터넷 시대의 헌법학, 1012-1015면.
2) 헌법 제103조.

법무부 장관의 검찰 지휘권 문제

- '규범 조화적 해석'의 문제인데

검·언 유착 의혹사건의 수사 지휘에서
'검찰총장에게 손 떼라'
구체적 사건에 대하여 지휘권 발동한 법무부 장관

법무부 장관은 검찰사무의 최고책임자로서
일반적으로 검사를 지휘·감독할 수 있을 뿐
구체적 사건에 관하여는
검찰총장만 지휘·감독할 수 있고[1]
검찰청의 공무원에 대한 직접 지휘·감독권[2]
소추·수사 지휘권은 검찰총장에게 있는데

검찰청법 제8조에 근거하여
장관이 직접 지휘권을 행사하는 것은 부당하니
두 조항은 배타적 관계가 아니라
'규범 조화적 해석'[3]을 통해
합법적으로 해결될 수 있는 사항이다

검찰총장의 지휘·감독권을 배제하는 것은 위법하고
검찰총장의 거취와 관련시키는 것은 더욱 부당하다며
공정한 수사를 위해 '독립 수사체'를 구성하도록

---

1) 검찰청법 제8조
2) 동법 제12조 2항
3) 다른 법 조항을 체계적으로 조화롭게 해석하는 법 해석의 일반원칙을 말한다.

대검찰청이 검사장 회의를 거쳐 제안하였지만

법무부 장관은 수정안을 항명으로 여기고

구체적인 사건에 대한 지휘권 발동한 법무부 장관
검찰의 독립성 훼손하고 검찰권을 사유화하는 것으로
이는 위법이요 부당한 조치로써 법치주의를 흔드는 것
이에 불응하는 것은 항명이 아니라 의무[4]임에도

검찰총장은 이를 수용하니

법무부는 법해석방법도 모르는 거야
대검은 왜 제대로 대응 못 하는 거야
법리해석도 잘못하는 법집행기관
공정한 법 집행을 할 능력이나 의지가 있는지

방향도 모른 채 흘러가는
구름 쳐다보는 기분이야

---

4) 동법 제7조 2항.

검찰개혁은 어디로 가고 있나?

- 거꾸로 가는 검찰개혁

"검찰을 자기들의 X로 만드는 게 검찰개혁이냐"
"법치주의가 사망한 것 같은데
조의금 보낼 계좌 좀 찍어달라"
힘 있는 자가 곧 정의냐고 묻는
분노의 목소리가 인터넷에서 메아리치고

검찰이 법무부 장관의 아들 사건에 대하여
국민에게 추석 선물로 내놓은 수사 결과
'혐의없음'
'불기소처분'
"자기가 영전시킨 검사한테 무혐의 받았네
검찰개혁의 참모습 잘 봤습니다"
대학생 커뮤니티에 올라와 있고

검찰개혁의 목표가
사법 정의를 위한 것이냐
정권수호를 위한 것이냐
나타난 행동만 보면 국민에게는
정권수호를 위한 것으로 보이는데

검찰개혁의 깃발 내걸고
집권층 향한 칼 무디게 만들기 위해
거짓말 잔치 벌이면서

검찰을 무력화시키고
홍위병들 곳곳에서 날뛰고

가장 문제가 되는 것은 검찰의 정치적 중립성
인사권 행사로 정부가 장악하고 있는 검찰
죽은 권력에는 가차 없이 칼을 들이대지만
산 권력에는 눈치 보고 손 못 대던 관행

살아있는 권력에 대한 수사로 탄생한 정권
현 정권의 부정과 비리 수사를 하니
정부 비리 파헤치지 못하도록
조직 개편하고 손발 자르고
검찰총장 죽이기로 가고 있네

추 장관의 아들 탈영 사건 8개월간 뭉개니까
여론이 비등하고
이것이 공정이냐고 국민은 묻고 있는데
추 장관 측 고발사건은 8일 만에 착수하니
이게 검찰개혁의 결과인가

검찰 기능이 마비되어
독립성을 지키지 못하고
정치적 중립성을 유지하지 못하면
정권의 시녀로 전락하고
사법 정의는 불가능하게 되는 걸

검찰개혁이란 미명하에

나라 기강 무너지고 있고
공수처법이 시행되면
법치주의가 살아남을 수 있을까

'한 번도 경험해보지 못한 나라'

나라 꼴이 이게 뭔가

(追而)

이환우 제주지검 검사
검찰 내부망에
추 장관의 검찰 인사권·감찰권의 남용 비판하면서
'검찰개혁은 근본부터 실패했다'라고 올리니

'이렇게 커밍아웃해주시면 검찰개혁만이 답'
이라고 추 장관이 SNS에 응수하고
'나도 이환우이다'라고 동조하는 댓글
검찰의 10% 넘는 다수의 검사들이 달기 시작했다

검사들은 '나도 커밍아웃 한다'라고
실명으로 댓글을 달고
'정권 비리 수사를 못 하게 만드는 것이
어떻게 검찰개혁이냐'라고 묻고 있고

수원 고검 검사는 더 나아가
'그 동안의 검찰개혁이란 한 마디로

집권 세력과 일부 검사 등의 합작 아래
이뤄진 사기였던 것 같다'라고 하고

서울 남부지검장은
'정치가 검찰을 덮었다'라고 하면서
'검찰개혁으로 포장해도 정치 권력의
검찰권 장악이 본질'이라고 했으니

이런 이례적인 사태를 어떻게 볼까
검찰개혁이란 이름으로
반부패 사건 담당 특수부 조직 폐지하고
정부 비리 사건의 수사 검사들 좌천시키고
국민도 편이 갈려 있는데

검찰개혁의 깃발을 든 사람들
커밍아웃할 용기는 없는가
검찰개혁의 판도라 상자를 열 생각은 없는가
그 바람에 놀아나는 사람들은 정신 차리고
검사들마저 검찰개혁의 가면을 벗기니
이 나라 검찰개혁
어디로 가고 있는가
검찰의 독립성과 정치적 중립성
어떻게 되는가

감사원장의 감사위원 제청권
- 권력의 제도화가 흔들려서는 안 된다

청와대에서 추천한 인사
감사위원으로 제청하지 않는다고
감사원장의 성토장이 된
국회 상임위원회

국회의원의 본업이 무엇인가
국회가 행정부의 시녀인가

'대통령에게 감사위원 임명권이 있다'
여당 의원들의 주장이지만
헌법은 '원장의 제청'으로
대통령이 임명하도록 규정하고 있는데[1]

불리한 감사 결과가 나올 것 같아
선제공격을 하는가[2]
부친의 과거 인터뷰
언론사 고위간부인 동서의 칼럼 들먹이고
연좌제까지 동원하며

---

1) 감사위원은 원장의 제청으로 대통령이 임명하고, 그 임기는 4년으로 하되, 1차에 한하여 중임할
수 있다(헌법 제98조 3항).
2) 감사원장 청문회 때는 신뢰 받는 정부를 실현해나갈 적임자·미담제조기라고 찬사를 하던 여당
의원들이 태도를 바꾸어 공격을 한다. 조국 사태 때 보여준 행태와는 정반대로 내로남불을 연
출한다.

"대통령이 임명했으면 시키는 대로 해라"
"대통령의 임명권을 무시하고 복종하지 않는다"
심지어는 "이 정권이 입맛에 맞지 않으면
사퇴하고 다른 곳에 가서 정치나 하라"
"탄핵을 하자"

대통령에게 (실질적) 임명권이 있다는 말
헌법 무지의 소치요
반 헌법적 정치논쟁이요
법치주의를 위협하는 행태이다

감사원장에게 부여한 감사위원 제청권
감사원의 독립성과 중립성 보장하기 위해
감사원장에게 부여한 '실질적 권한'이고
대통령의 임명권은 감사원장의 제청을 받아
행사하는 국가원수로서 가지는
형식적이고 의례적인 권한일 뿐[3]

감사원장의 정치적 중립성을 지키기 위한
제청 거부 조치는 헌법상 소임을 다 하는 것
헌법을 수호하는 길
법치주의로 가는 길
권력의 인격화를 막는 방법이니

헌법이 요구하는 공무원 상[4]

---

3) 대통령이 제청·임명하는 것은 권한 남용으로 헌법위반이 되고, 권력의 인격화로 가는 길이다.
4) 공무원의 정치적 중립성은 헌법에 의해 보장되는 동시에 공무원의 의무이고 책임이다(헌법 제7조).

'영혼 있는 공무원'
어느 때보다 요구되는 공무원 상이다
법치주의가 바로 서기 위해서는

겨울 산등성이에서
바람 맞으며 홀로 서 있는 소나무처럼
추위를 견디면서
푸르고 의연하게 서 있기를

감사원장이여!

공무원의 정치적 중립성

– '영혼 있는 공무원'이 그립다

바람 소리만 들려도 눕는 풀들
바람이 지나가면 바로 일어설 수 있을까
정치적 중립을 지켜야 할
직업공무원으로서의 영혼이 있는지

주권자인 국민으로부터 위임받은 권력
국민에 대하여 책임을 져야 하는 공무원
국민 전체의 봉사자로서 특정 정권에 충성하지 않고
국민의 공복으로서 지는 의무

'정치적 중립성'

정권 위해 일하는 것이 아니라
국가를 위해 일하고
국민에게 봉사하라고
신분보장을 하고 있는데[1]

헌법과 법령에 따라 권한을 행사하고
상급자의 명령에 복종할 의무 있지만
불법·부당한 명령에는 복종해서는 안 되고
본연의 직무에 충실해야 하는 공무원

---

[1] 제7조 ① 공무원은 국민 전체에 대한 봉사자이며, 국민에 대하여 책임을 진다. ② 공무원의 신분과 정치적 중립성은 법률이 정하는 바에 의하여 보장된다.

정치적 중립성을 지키는
'영혼 있는 공무원'
권력에 휘둘리지 않고
헌법과 국가를 수호하고
국가의 영속성을 담보하니

감사원장처럼 자기 직분을 다하는 공무원
부당한 요구에 응하지 않고
정치적 중립성 지키고
공무원의 의무 다하는 모습
헌법을 지키고 법치주의를 살리니

국정의 방향과 정책을 구체화하는 공무원
그들의 이성이 국가이성을 이끌고
그들의 능력과 헌신이 국가발전을 이끌며
국가의 운명이 그들의 손에 달려 있으니

모든 공무원이 집권 세력에 의해
순치된다면 나라는 어디로 갈까
영혼 있는 공무원들이 소임을 다 할 때
나라는 안정적으로 발전해갈 수 있는 법

폴란드 대선에서 보는 풍경
대법원 앞에서 법복을 입은 채
변호사들 사이에서 '헌법수호'를 외치는
두 여성 변호인
우리나라에서도 보고 싶은 모습이다

바람 불면 흔들릴망정
눕지 않는 억새 풀처럼
꼿꼿이 서 있어라
공무원들이여!

'영혼 있는 공무원'이 그리운 오늘이다

V

진영논리로
두 동강 난 우리 사회

편 가르기 정치

국민통합은 강 건너 불인가

"간호사, 의사의 짐 떠맡아"
대통령의 글 SNS에 뜨니
또 편 가르기냐고
이곳저곳에서 솟아 나오는 항변들

대통령은 전 국민의 대표
대외적으로는 국가원수
대내적으로는 국민통합의 상징
선거 과정은 국민통합을 이루는 과정이고
국민통합은 대통령의 가장 중요한 책무이거늘

말로는 국민통합 외치면서
행동으로는 분열 조장하는 정치
모든 정책에서 들어내
나라가 두 동강 나니
무너지고 있는 국가공동체

위기만 오면 등장하는
여권의 갈라치기 전략
정책 뒤에 항상 도사리고 있는
갈라치기 수법
통치의 수단인가
문제 해결의 상비약인가

보수 대 진보
부자 대 빈자
노년 대 청년
경상도 대 전라도
강남 대 비강남
친일 대 반일
임대인 대 임차인

우리는 옳고 너희들은 틀렸다
'그때는 틀리고 지금은 옳다'[1]
너희들은 적폐 청산의 대상
우리는 사회정의의 사도
내로남불의 전형적인 논리

과거 운동권의 피
그대로 흐르고 있는가

정책에 대한 비판을 하면
메시지는 외면하고
메신저만 좌표로 정한 후
죽이기로 일관하고
홍위병들처럼 덤비는 행태

진영논리로 편 가르기 하고
싸움을 유도해 갈등 부추기고
다수자의 편에 서서

---

1) 영화 제목

여론을 유리하게 이끌고
선거에서 표로 연결하는

포퓰리즘의 정치행태
국난 타개책인가
득표 전략인가
재집권 플랜으로 가동하는

국민은 정치실험의 대상인가
권력의 획득과 유지의 방편인가
옳고 그름의 판단 기준 무너지고
이 놀음에 춤추고 있는 국민들
우민 정치의 진면목인가

정치는 통합의 기술
정치는 조화의 예술
국민 상호 간 신뢰하고 통합해야
국가발전의 원동력이 되고
국가공동체가 건강하게 되거늘

진·위의 가치 기준이 바뀌고
규범의 적용방식이 달라지고
'너와 나의 관계'는 사라지고
싸움판이 된
새로운 세상이 전개되고 있는

'한 번도 경험해보지 못한 나라'

믿는 구석이 있다
'40%'의 국민2)
우리 편만 뭉쳐 있으면
권력은 놓치지 않는다는 착각
그래서 지금의 행태
끝까지 Go 할 것이니

아, 슬프다 이 나라 정치
비생산적인 싸움만 하고
정치가 완전히 실종되고
통합은 강 건너 불
분열과 투쟁으로 얼룩진 나라

이 나라 구해줄 메시아는
어디쯤 오고 계시는지
깨어나라 국민이여!
나라의 주인공으로 우뚝 서라

---

2) 어느 여당 국회의원의 말. "아무리 떠들어도 괜찮다. 우리를 지지하는 40%는 흔들림 없다"라고
한다.

조국 사태의 교훈

- 진영논리로 싸움판이 된 우리 사회

진영논리로 국민이 두 동강 나고
힘의 대결로 싸움판이 된 나라

'한 번도 경험해보지 못한 나라'

조국 사태의 본질은
'진실이냐 거짓이냐'
진위의 문제인데
검찰개혁이란 깃발 내걸고
우리 편이냐 너희 편이냐
진영싸움으로 변질되는 정치판

우리 정치의 민낯이다

기자회견에서 자기주장만 늘어놓고
청문회에서 새빨간 거짓 증언 하고
과거의 말과 현재의 행동이 다른 위선적인 태도
모든 의혹 부정하면서
법정에서 다 말하겠다더니
법정에서는 증언거부권[1] 행사하고

법적 문제는 법원에서 해결되겠지만

---

1) 형사소송법 제148조.

가장 중요한 문제는 진·위의 문제
거짓말 쏟아내는 행태는 양심의 문제
교수·장관 지낸 소위 지도자로서
너무 후안무치한 것 아닌가
국민의 가슴 후벼 파는

국민을 '적과 동지'의 관계로 설정한 후
적을 공격하는 진영논리
'우리는 옳고 너희는 틀리다'
포퓰리즘의 전형적인 행태
적에게는 적폐 청산 우군에게는 감싸기
모든 것은 '내로남불'로 통하니

'신 적폐'를 쌓고 있네

법무부 장관으로 지명된 후
국회 청문회를 앞둔 기자회견에서
헌법이 사회주의를 수용하고 있고
사회주의자임을 자처한
헌법도 모르는 사람
장관이 되면 헌법은 어떻게 되나

결국 법무부 장관으로 임명되고
검찰개혁 외치니
여당은 홍위병 노릇 하고
비례 정당이 옹호하고 나서고
본인도 트위터 정치 다시 시작하고

대통령 만든다는 소리까지 나오고

정의는 우리 편이야
'이기는 것만이 전부야'
'정의는 강자의 이익이다'[2]
정의가 정략적으로 이용될 때
폭력의 도구로 전락할 수 있다는
역사의 교훈 온몸으로 보여주는가

조국 사태는 검찰개혁이 아니라
검찰개혁을 오히려 방해하고
이런 사람에게 권력 맡기면
검찰 권력 무력화시키고
사법 정의 무너트릴 것으로 보이니
나라가 어떻게 이 꼴이 되어 가는가

조국 사태가 안겨준 교훈
개인적으로는 도덕성 문제이지만
국가적으로는 민주와 법치라는
헌법 가치가 무너지고
공동체의 근본 가치가 붕괴될 것이니
근본부터 다시 세워야 하리

4·15 총선 때 등장한 선거운동 표어
曺國을 살릴 것이냐
祖國을 살릴 것이냐

---

2) 트라스마시코의 말.

국가가 보수와 진보로 갈라지고
진영논리로 끝없는 싸움만 하니
앞이 보이지 않는 우리나라의 미래

이 나라는 어디로 가고 있는가?

'거짓말이야'

- 법꾸라지들[1]의 괴변

전 국민을 관중으로 벌이는
'거짓말 퍼레이드'
그것도 연속상영이다
주연은 '조윤추'[2]

본인들은 가면무도회라고 생각하는지
정의를 책임 진 법무부 장관들이 벌이는
거짓말 행진이 활보하고 있는 세상
국민들은 관람하고 있네

'한 번도 경험해보지 못한 나라'
얼굴도 안 가리고 거짓말 하지
국민의 대표인 국회의원들 앞에서
언론 통해 전 국민을 대상으로
막무가내로 아니라고 우겨대며

증거가 있어도
증인이 나서도
증언이 나와도

법적 책임 면하기 위해

---

1) '법 + 미꾸라지'의 합성어.
2) 거짓말하는 사람들을 총칭하기 위해 작명한 이름.

법망 빠져나가려는 태도
법꾸라지 논리
정말 가증스럽구나

법망은 피해갈지 몰라도
양심 규범3) 앞에서는 죄인 아닌가
정치인들에게는 더 중요한 도덕성
거짓말 퍼레이드만 벌이고 있으니

까면 깔수록 나오는 거짓말
어항 속 물고기 신세
다 벗기면 어디까지 나올까
최후의 모습을 보고 싶네

'검찰개혁'이라는 말
누가 믿나
많은 사람들은 검찰파괴라고 보는데
진정한 검찰개혁은 물 건너가고
입으로만 부정하면 해결되나
손으로 태양을 가리는 격
법적으로 책임 면하면 되나
거짓말은 안 지워지는 법

커밍아웃 하라!
그 가면 벗어던지고

---

3) 양심은 종교 규범·도덕규범·법 규범과 함께 제4의 규범으로 이들 규범의 실효성을 담보하는
기능을 한다.

거짓말 퍼레이드 벌이는 자들이여
진실이 외치고 있다

시간이 흐르면 다 드러나는 걸
세상이 다 쳐다보고 있고
역사가 모두 증언할 텐데
안 드러나면
그게 정상적인 나라인가

"거짓말이야 거짓말이야 거짓말이야
모두 다 거짓말이야"4)

진실이냐 거짓이냐의 게임
진영논리로 덮으려는 속셈
법적 문제 안 되더라도
최소한의 良心은 지켜야지
'추안무치'(秋顔無恥)5)
란 용어까지 새롭게 등장했네

사법 정의의 실현을 책임진 사람들
최소한의 良識은 있어야지
국민의 대표로서 良質의 인격 갖춰야지
거짓의 탈 쓰고
어떻게 국민과 역사 앞에 설 수 있는가

---

4) 어느 유행가의 가사임.
5) 추미애와 厚顔無恥(후안무치)의 합성어.

거짓은 역사의 물결 벗어날 수 없으니
자수하고 광명 찾는 길이 최선의 방법이거늘

追而: 검찰의 불기소처분을 보고

국민에게 추석 선물로
검찰이 내놓은 수사 결과
'혐의없음' '불기소처분'

"자기가 영전시킨 검사한테 무혐의 받았네
검찰개혁의 참모습 잘 봤습니다"

대학생 커뮤니티에 이런 글 뜨고

"명백한 증거가 나왔는데
어떻게 이런 식으로 무마되느냐"

네이버 뉴스 코너에 이런 글 올라오고

정의부(Ministry of Justice) 장관
국회에서 27번이나 한 거짓말

"보좌관이 전화한 적 없고 지시한 적 없다"
거짓말로 드러나니

'친문 무죄 반문 유죄'란 신조어 생겨나고

이게 법치주의이고
이게 공정이냐고
국민들은 묻고 있는데

법적으로 책임 없다고
총공세로 돌아선 여권

모든 것 다 가려야 해
벗겨지면 안 돼
수단과 방법 가리지 말고
다 터지면 다 망할 테니까
우리는 공동운명체야

문제 제기한 사람들에게
오히려 사과하라고 하니
이런 적반하장도 있나
이게 여권의 생리인가

'한 번도 경험해보지 못한 나라'
법적 책임보다 더 중요한 게
'정치적 책임'이고
더 더 중요한 게
'양심 규범'에 비추어 무죄이어야 하거늘

'법무부 장관의 말은 다 거짓말'
이런 분위기에서
어떻게 법치주의가 바로 서고

검찰개혁 제대로 되겠는가

이 연극 여기서 끝나지 않을 테지만
역사의 수레바퀴는 계속 돌아가고
그 물줄기 앞에서 모든 것은 밝혀진다는 것
명심하고 대응하라

여권이여!

뒤늦게 후회하지 말고

'소설 쓰시네'

- 법무부 장관의 헛소리

야당 의원의 질문 도중
'소설 쓰시네'라고 비웃던
법무부 장관
자신이 소설 쓰고 있네

'아니다'라고 시작해서
'보고 안 받겠다'로 이어지는
거짓말 퍼레이드
진실에는 묵묵부답이고

증인들이 줄 서가며
거짓말 입증하고
언론이 여러 가지 정황
연이어 보도해도
끝까지 버티는 후안무치함

아빠 찬스 엄마 찬스
이어지는 불공정 사건들
이게 공정이냐고
청년들은 분노하고

고소된 지 8개월이 지나도
묵묵부답인 검찰
당정 협의를 하고

공격에 나선 여당 간부들
응원하러 나온 국방부

언론이 수사의 불공정 폭로하고
야당이 특임검사에 의한
공정한 수사 주장하고
여론이 들끓고 있어도
진실 감추기 카르텔 구성하고

'전화 안 했다'라고 주장하다
비서관이 전화한 사실 밝혀지니
자신은 모르는 일
확인도 안 했다고 하더니

부부 중 한 사람이 전화 했다는데
본인은 전화 안 했고
남편은 주말부부이므로
전화 못 해서 확인 못 해준다고 하고

얼마나 법꾸라지 행태인가

단편으로 끝날 소재
아니라고 우겨대다가
양파껍질 벗기듯 하나씩 벗겨질 때마다
물러나고 침묵하며
장편 소설로 엮어가고 있네

법꾸라지 논리로

아무리 빠져나가려고 해도
누구나 다 알 수 있는 스토리
증거와 증언은 계속 나오고

항상 비극으로 끝나는
단순한 추리소설
어항 속 물고기처럼 나체가 되고 마는
우리 헌정사에서 반복해온 스토리

누가 믿겠나
이들이 외치는 정의와 공정
검찰개혁 외친 들
마이동풍처럼 들리는 걸

진영논리로 나서는 무리
본색을 드러내고
여권 전체가 소설 쓰고 있네
희대의 촌극
주연 한 사람에 발맞추어

그 제목은 '소설 공화국'

'한 번도 경험해보지 못한 나라'

소설은 이제 그만 쓰고
역사 앞에 바로 서기를

거짓을 힘의 논리로 덮을 수는 없다

- 진영논리의 본색

'조윤추' 거짓말 행렬에 동참한
여권 사람들과 홍위병들

여당 지도부가 나서서 옹호하고
어용 지식인들 헛소리 나팔 불고
홍위병들 스크럼 짜고 나서고
국가기관들도 동원되고

'건드리지 마라'

지상명령이다

비판하는 사람들
입 틀어막으려고
메시지는 덮어두고
메신저만 공격하고

건드리면
벌떼처럼 다 덤비고
벌집 쑤신 것처럼
법도 어겨가면서

진실조작의 카르텔 구성하고

자기편 거짓 덮으려는 행태
진영논리
정권의 보호막인가

'거짓이 진실이고'
'거짓이 정치고'
'거짓이 공정이고'
'거짓이 정의고'

거짓이 지배하는 나라
'거짓말공화국'
가치체계마저 무너지는
'이게 나라냐'라고
국민들은 외치고

한 사람 살리려다
검찰개혁 물 건너가고
군 기강 무너지고
나라 꼴 우습게 되니
전 국민 분노하게 만들고

호미로 막을 수 있는 걸
가래로도 못 막게 되지
덮고 넘어가려는 태도
힘으로 덮을 수는 없으니
진실은 반드시 밝혀지는 법

나라의 근본 바로 세우기 위해
난맥상 다 밝혀야지
제도적으로 심판 못 하면
국민이 심판해야지

가면을 쓰고 있는
국민주권
민주주의와 법치주의
정의와 공정
평화

그 탈들을 벗겨야 하리
건강한 국가공동체를 재건하기 위해
거짓말 행렬에 참여한 이들이여
커밍아웃 하라

내로남불 정권의 한 단면을 보다

- 어떻게 똑같은 행동을 하나

왜 '내로남불 정권'이라고 부르는지
국민들은 똑바로 보았네
모든 국민에게 보여준 추석 선물
이를 증명하기에 충분한 사건들이네

민주당 대표가 추석날
노무현 대통령 묘소에 참배하러 갔네
국민에게는 '성묘 자제하라'라고 말하고

조상 찾는 사적 성묘는 안 되고
정치적 의미가 있는
'정치적 성묘'는 문제없다는 건가

전형적인 이중 잣대
내로남불
사람들은 '코로남불'1)이라 부르고

그곳에서 만난 방문객들에게
"깨어 있는 시민들"께서 많이 오셨다고
용비어천가(?)를 읊었다고 하네

그곳에 성묘 간 사람들은 '깨어 있는 시민들'

---

1) 코로나와 내로남불의 합성어.

그곳에 성묘 안 간 사람들은 '잠자는 신민들'
성묘 안 간, 말 잘 듣는 사람들은
'미개한 군상들'이다 이런 말인가

성묘 안 가고 '깨어 있는 시민들'
얼마나 많은지 모르는 건가
이 말 듣고 무슨 생각을 했을까
속이 부글부글 끓어올라 잠 못 자는 시민들

모든 국민 다 잠들고 있으면
나라가 조용하고
통치하기 쉬우니
더 좋다는 말은 안 하네

외무부 장관의 남편은 추석날
요트 사러 미국 여행 떠났다네
외국 여행 자제 조치를 무시하고
이미 여러 번 해외여행도 다녀오고

부인인 외무부 장관은 전 국민에게
'해외여행 자제 요청'을 하며
간곡하게 사생활은 절대적 권리가 아니고
협조 안 하면 공권력까지 동원하겠다고 했는데

코로나가 금방 끝날 것도 아닌데
계속 집에만 있을 수는 없지 않아
"내 삶을 사는 건대 다른 사람

신경 쓰면서 살 수는 없지 않나"라며

외무부 장관이라는 공인의 남편
공적 신분 아랑곳하지 않고
인생은 한 번 뿐이라는
욜로(yolo)를 실천하며 살기 위해

장관 남편으로서 부적절한 행동하면서
국민의 눈은 무섭지도 않은가 봐
공항에서 출국하면서 기자들에게
떳떳하게 대하는 모습 부럽기도 하고

'너희들은 하지 마라 우리는 괜찮아'
방역에도 적용되는 진영논리
왜 내로남불 정권이라고 부르는지
두 눈으로 똑똑하게 보았네

윗물이 맑아야 아랫물이 맑아지지

누가 믿고 따르겠나
이 정권
법치가 바로 서겠나
이런 정권에서

공정은 누구의 편인가?

- 청년의 날 행사를 보고

청년의 날 기념사에서
방탄소년단(BTS)을 초청해 놓고
"공정은 촛불 혁명의 정신"
"정부의 흔들리지 않는 목표"
라고 말하는 대통령
공정을 37번이나 언급하면서

국민의 가슴 후벼놓은
불공정사태들에 대해서는
사과 한마디 하지 않고
청년들의 초미의 관심사인
채용·입시·병역
모든 면에서 공정을 공고히 하겠다니

누가 진심으로 믿겠는가

공정과 정의의 실현을 책임지는
법무부 장관들이 불공정을 연출하는데
누구에게는 마음의 빚을 지고
누구와는 함께 회의장에 들어서고
국민 눈에는 의아스럽게 비칠 수밖에

진실성이 의심 받고
구두선으로만 보이고

위선적으로 다가오고
유체이탈행태라고
사람들은 비판하니

내로남불의 전형적인 모습
"공정이란 프레임은 야권이 정쟁을 위해 꺼내 든 것"
이라는 여권 관계자의 말
자기들이 말하는 공정이란 무슨 프레임인가

정치적 슬로건일 뿐
청와대 핵심관계자는
"야당의 정치공세에 대응할 필요와
가치를 느끼지 못한다"라고 하고
행사주관자는 자화자찬이나 하고

비판적 지적에는 마이동풍이다

방탄소년단이 청년의 대표인가
청년들은 얼마나 공감할까
이건 누가 보더라도 정치 쇼
진실이 안 보이니

말로만 공정 외치면 누가 믿겠나
공정은 강자의 편이고
그들은 특권을 누리면서
법치를 파괴하고 있다고
국민들은 믿고 있는데

갈라진 사회

- 서울시장의 죽음을 둘러싸고

한편에서는 '여성이 벼슬이냐'
피해자를 꽃뱀에 비유하며
피해자에 대한 2차 가해를 하고
다른 한편에서는 동물에 비유하고
바나나 퍼포먼스를 하며
망자를 조롱하고

한쪽에서는 조문 행렬 이어지고
다른 한쪽에서는 市葬 형식에 대한
반대 청원이 50만 넘어서고

야당 시절에는 성추행사건 관련 의원
사퇴하라고 시위집회를 하더니
여당이 되고 나서는
서울시장 죽음에 애도하자고 하고

피해자 중심주의를 외치던 집단
감성이 죽었는가
감수성이 바뀌었는가
태도가 완전하게 바뀌었으니

결국은 진영논리로 가고
양쪽은 패싸움만 벌이고

한 사람의 죽음 앞에서
누드로 나타난
두 동강 난 우리 사회

죽음 앞에서는 잠시나마
갈등과 정쟁을 중단하는
최소한의 품격마저 무너지고

국민을 통합할 명의는 없는가
이대로 가면 싸움판으로 변하고
나라가 망할 텐데

정의는 누구의 편인가?

정의는 어디에 있지
"내 손 안에"
권력자의 말이다

정의는 옳은 자의 편도 아니고
약자를 위한 것도 아니고
내 편을 위한 것
네 편은 절대로 아니고

선택적 정의는 정의가 아니다

진영논리가 지배하는 나라
편 가르기만 하고
진영싸움만 하고
죽기 살기로

정의의 최후의 보루인 사법부마저
정치화되고
대법원과 헌법재판소의 구성이 한쪽으로 기우니
정치적 판결이 나오고

정의가 정치적 목적을 위해 이용될 때
통치의 수단으로 이용되고
악법을 마구 생산하는 법

역사가 보여주고 있다
한쪽만의 정의
통합은 공염불
공생의 원리 사라지니
국가공동체 무너지고

새로 판을 짜야 하리
자생능력은 기대할 수 없고
정치권은 믿을 수 없고
주권자인 국민이 나설 수밖에

깨어나라 깨어나
국민들이여!

票퓰리즘

- 민주주의 퇴행의 길

우리나라에
'집단 이성'은 살아있는가

눈앞에 어른거리는 이익에 눈멀면
이성적 판단 못 하고
미래는 보지 못하고

서서히 죽어간다
스스로는 모르는 채
국민도 국가도

민주주의의 바탕에는
집단 이성이 받치고 있어야
건강하게 작동하거늘

지금 우리 앞에 닥친 위기
보수 대 진보의 문제 아닌
나라가 사느냐 죽느냐의 문제다

票퓰리즘[1]
유권자의 신성한 투표권 모독하는
매표행위로 이어지고

---

1) (투)표와 포퓰리즘의 합성어.

집단 이성 무너트리는 민주주의의 적이니

베네수엘라를 보라

포퓰리즘 복지는 경제를 파탄 내고
국가 부도에 몰려 복지혜택 줄이려 하자
국민들 거리로 나와 격렬하게 저항하니
나라가 붕괴 직전으로 몰리는 모습

돈퓰리즘2)은 마약과 같은 것
일단 시작되면 끊기 힘들고
서서히 병들어가다가
결국은 사망하고 마는

우리나라에서도 목하 성업 중

코로나 19로 전 국민에게 지급한 지원금
자연스럽게 시행되고
전 국민에게 재난지원금 지급한 건
'선거용'이었다는 여당 의원의 솔직한 증언
선거 결과를 보면 알 수 있지

국민의 99.5% 이상이 재난지원금 수령했다
'언제 정부가 현금을 준 적 있나'
'지원금 받으니 기분이 나쁘지 않네'
'주는 건 기꺼이 받아야지'라며

---

2) 돈과 포퓰리즘의 합성어.

아무리 난리를 펴도
40%에는 변함이 없다는 여당 의원의 말
소수에게는 증세로 세수 늘리고
혜택 받는 다수에게는 표 얻고

정치는 오로지 집권을 목표로 하고
득표를 위해서는 수단과 방법 안 가리는
포퓰리즘 앞에서 모든 것이 무너진다
주권자로서의 양심마저도

나라를 지키는 최후의 보루
집단 이성으로 나타나야 하리
유권자들의 선택
이 나라의 미래 운명을 결정하리니

나라가 살 길은 '성숙한 시민의식'뿐
나라를 지킬 자는 '깨어 있는 국민'뿐

대한민국號
어디로 가고 있는가

'우리가 이럴 줄 몰랐느냐'

- 가면을 벗은 여당의 민낯

서울·부산 시장 보궐선거에서
후보를 공천하기로 한 여당
'당 소속 공직자의 중대 잘못으로 생긴
보궐선거에는 후보를 내지 않는다'라는
당헌을 바꿔가며

전체 당원들의 의사를 물어
결정하기로 한 당원투표에서
절대다수의 찬성투표로 통과되었다고
선전하더니

투표 참여자가 전체 당원의 26%로
'전체 3분의 1 이상 투표 요건'에 미달하니
'투표는 단순한 의견 수렴 절차일 뿐'이라고
둘러대는 행태

당의 헌법인 당헌을 깨고
당 후보를 내려는 의도
이를 합리화시키려고 당원투표를 실시하고
당헌에 반하니까
단순한 의견 수렴 절차라고 하니

국민과 약속은 언제나 깰 수 있고

당헌을 무시하는 것은 다반사이니
이런 정당 믿을 수 있나
이런 행태 법을 지킬 수 있나

귀를 의심케 하는 더 기막힌 발언
'국민들도 사실은 시장 후보를 낼 거라고 알고 있었다
그걸 결단해서 현실화한 것 뿐'이라고
한 최고위원이 한 말

'우리가 그럴 줄 몰랐냐'라고 커밍아웃 하는 모습
가면을 벗은 이 정권의 참모습을 본다
진실을 말해줘서 감사하다고 해야 할 판
이제 국민도 다 알았을 테니
더 이상 비판할 대상이 안 된다

마침내 말기적 현상이 드러나고
국민의 최종적인 선택만 남았다
진실이냐 거짓이냐
선택해야 할 때가 왔다

주권자로서 국민의
현명한 선택을 소망하며
이제 붓을 놓아도 될 것 같다
더 이상 할 말이 없어졌으니

통일, 그 길은

- 우리의 소망

아직도 끝나지 않은 전쟁

남에는 대한민국
북에는 조선민주주의인민공화국

영토의 분할
민족의 분열
이념의 대립
무력의 대결

하늘과 바다마저 가로막힌 한반도
이념으로 갈라진 한민족
영토는 두 동강이 나고
이념이 갈라놓고 있지만
우리는 한 민족
평화통일 이루어
한 송이 꽃으로 피어나야 하리

통일합시다, 통일합시다
목청을 높여 외친다
대한민국도
조선민주주의인민공화국도

똑같이 통일을 내세우지만
방법이 다르고[1]
목적이 다르니

핵 없는 한반도
평화공존과 통일을 위해
북미회담 열렸지만
그 타결은 난망하고

북한의 목표는 적화통일
핵 포기 의사는 전혀 없고
위장 전술로 회담에 임하니
처음부터 가능성이 없었던 것

헌법은 말하고 있다
우리가 가야 할 통일의 방식은

'자유민주적 기본질서'에 입각한 평화적 통일[2]

길은 오직 외길인데
안개 속에서 길을 잃고 있는 통일정책

갈 길은 보이지 않고 멀기만 하구나

---

1) 북한은 국가보안법 폐지와 주한미군 철수 후 연방정부를 구성하고, 친위세력을 내세워 '적화통일'을 시도하고 있다.
2) 헌법 제4조.

철조망

출렁이고 있는 바다
마주 보고 있는 육지
가로막고 있는 철조망

서로 포옹할 수 없고
파도 소리도 철조망에 걸려
아픔으로 넘어오는
분단의 슬픔

항상 전운이 감돌고 있고
핵으로 무장한 북한
비핵화는 거짓말
평화통일은 멀기만 하고

철조망이 걷힌
한반도를 걷고 싶다

저 구름처럼

사람과 사람 사이에도
뛰어넘을 수 없는
난마처럼 얽혀 있는 철조망

이념과 이념

지역과 지역
계층과 계층
세대와 세대
남성과 여성 사이에

마음속 철조망이 사라져야
사회통합 이루어지고
국가공동체가 건강하도록
하나로 통합되어야 하건만

철조망이 녹아내린
사람들 마음속을 거닐고 싶다

저 바람처럼

강물

- 두물목에서

생명의 씨앗을 담고
희망의 깃발 들고
넘실거리며
바다를 향하여 흐른다

북쪽에서 내려오는 물줄기
남쪽에서 올라오는 물줄기
두 물줄기 만나서
어깨동무 하고

온 곳이 다르다고
충돌하지 않고
물의 질이 다르다고
싸움하지 않고

통일의 소망 싣고
출렁이며 흐르고
민족의 열망 싣고
합창하며 흐르고

지나간 사연은 삭이고
함께 우렁차게 흐르다가
끝내 바다로 들어가

넓고 깊은 한 몸이 된다

남북으로 분단된 조국
사방으로 갈라진 민족
만나서 하나가 되는
'두인(人)목'은 어디에 있는가

VI

인권은
어디까지 보장되는가?

인권의식

- 인권보장의 담보

"자유는 마음속에 있다
자유가 그 속에서 죽어 있다면
헌법도 법률도 법원도 자유를 구해줄 수 없다
자유가 그 속에서 살아있는 한
헌법도 법률도 법원도 이를 구할 필요가 없다[1]

역사는 보여주고 있다
우리도 경험을 했고
자유는 쟁취하는 것
끊임없는 투쟁과 피나는 노력에 의해

인권을 보장하는 마지막 보루
국민의 '인권의식'이다
권리장전 속 선언만으로는
실제로 누릴 수 없으니

가슴속에 인권의식이 살아있는가
의식에 머물러서는 안 되고
'집단 이성'으로 승화되어
행동으로 표출되어야 하리
'권리를 위한 투쟁'[2]

코로나 19 사태 하에서도

---

1) Hand 판사는 뉴욕 주 항소법원 판사로서 시민권을 획득한 시민들을 축하하는 자리에서 행한 연설 중에 나오는 구절이다. Learned Hand, The Spirit of liberty(Alfred A. Knopf, Inc., 1960), p. 190.
2) Jhering의 저서 명. 그는 권리 위에서 잠자는 사람은 보호할 필요가 없다고 하지 않았던가?

자유로부터의 도피[1]

- 프롬의 생각

"자유를 얻게 되면 인간은 행복할까"
프롬이 던진 질문이다

끝없는 자유 속에서는
혼자로서 고립을 느끼는 인간
고독·불안·회의·무력감 속에
도피를 꿈꾸게 되고

자유보다 생존문제 해결하기 위해
절대권력 아래서 자유를 멀리하고
복종의 끈 붙잡고
안정된 삶 쫓는 사람들도 있고

자유의 본질 외면하고
자유보다 복종을 좋아하며
국가에 충성하는 사람도 있고[2]
다른 사람에 대한 복종은 원치 않으면서

자의 반 타의 반
자유를 스스로 누릴 수 없어
기댈 대상을 찾아 자유를 포기하는 사람들

---

1) 프롬의 저서 명.
2) 한용운의 시 복종에서.

자유를 누릴 환경이 갖추어지지 않으면

자유는 인간의 존엄성 누리기 위한
가장 필수적인 조건이고
민주시민으로서의 자격 상실한
정신적 병리 현상인데

우리 사회에는
그런 사람들 없겠지

자유: 그것이 뭐길래

- 자유의 과잉이 문제다

자유는 인간 활동의 전제이다
자유가 보장되어야
인간의 존엄성이 실현되고
사회가 발전하는 원동력이지만

절대적 자유는 없다
자유에는 책임이 따르고
자유는 타인의 권리를 존중하고
법과 질서 안에서 보장되는 것[1]

"팔을 휘두를 자유는 있다
그러나 타인의 코가 시작하는 곳에서
멈추어야 한다"
'자연적 자유'[2]는 인정되지 않는다

진정한 자유는
공동체 안에서 누리는 자유
공동체 가치와 조화되는
'합리적 자유'를 말한다

---

1) 헌법 제37조 2항은 국가 안전보장, 질서유지와 공공복리를 위해 필요한 경우에 제한할 수 있도록
   규정하고 있다.
2) 자연 상태에서 누리는 무제한의 자유를 말한다.

절대권력 하에서
'타는 목마름으로'3)
자유를 위해 피 흘리던
시대는 지나가고

지금은 민주화가 이루어지고
절차적 민주주의가 터를 잡았으니
합법적 절차에 따라
모든 문제 해결이 가능하거늘

자유가 적정선을 넘어서고
이념의 대립이 고착화하고
집단적 이익이 굳어져 가고
사회적 정의가 무너져가는

우리 사회의 문제
오히려 '자유의 과잉'에 있다
이곳저곳에서 외쳐대는

집회·시위의 자유, 프라이버시 권리…
자유가 넘치면 방종이 되고
무질서가 만연하면 사회적 혼란이 오니
자유도 '지나침은 모자람만 못한 법'(과유불급)

인권에도 '중용의 법칙'이 적용되는 걸

---

3) 김지하의 시 제목

행복추구권

- 권리의 성격

인간은 누구나 행복해질 권리가 있고
행복을 누릴 의무도 있다[1]
국가는 이를 보장할 의무가 있고[2]

행복한 삶을 누리는 것
인생의 목표다
성공해야 행복한 것이 아니라
행복하게 사는 것이 성공이니

행복에 관한 정답은 없다

행복이란 마음의 상태
자신이 행복하다는 주관적 느낌
추구하는 것이 아니라 느끼는 것
지금 이곳에서 만족할 수 있는
긍정적 사고를 통해 얻어지는 것[3]

행복추구권은 헌법상의 기본권
구체적·독자적 권리가 아닌
'배경적·추상적 권리[4]이다

---

1) 헤르만 헤세는 "인생에서 주어진 의무는 아무것도 없다네. 그저 행복이라는 한 가지 의무가
　있을 뿐. 우리는 행복하기 위해서 이 세상에 왔지."라고 말했다.
2) 헌법 제10조.
3) 윤명선, 행복의 향연, 381-383면.

인간으로서의 존엄과 가치
실현하기 위한 이념적 조항으로

행복추구권은 구체적 권리를 해석하고
새로운 인권을 인정할 때
풍향계 역할을 하지만
자신만의 행복을 추구하면서
마음의 평화를 누리면 되는 것

---

4) 다수설과 판례는 협의로는 '구체적 권리'인 동시에 광의로는 일일이 열거할 수 없는 '포괄적 권리'라고 부른다.

우리나라 사람들이 행복하지 못한 이유

- 행복은 어디에 있는가?

① 행복은 수많은 '간이역'에 있다

성공해야 행복해진다고 믿으니
성공으로 가는 길 위에서는
행복하지 못한 우리나라 사람들
성공으로 가는 과정에서
수많은 간이역 지나면서
행복을 느껴야 하는데

행복은 여행길이지 종착역이 아니다[1]

최고만을 추구하고
경쟁이 심하다 보니
실패자는 많이 생기고
스트레스 많이 받으니

행복지수는 내려갈 수밖에

'성공해야 행복한 것이 아니라
행복하게 사는 것이 성공이다'

---

[1] 로이 굿먼의 말.

지금 이 순간 일상 속에서
사소한 것에서 느끼는 행복

이것이 참된 행복이고
그것이 모여 평생 행복이 되리니

좋아하는 일을 열정적으로 하는
몰입 그 자체가 행복이니
행복은 과정에서 누리는 것
이것이 행복으로 가는 길이다

② '욕망'을 내려놓아야 행복이 찾아온다

최고만을 추구하고
부자만을 꿈꾸고
그 욕망 다 채울 수 없으니
행복은 항상 저 멀리 있을 뿐

행복의 조건들 다 갖추어야
행복해지는 것이 아니라
행복은 심리적 상태
만족할 때 찾아오는 것이니

'행복은 밖이 아니라
언제나 내 안에 있다'

저 구름처럼
욕망을 내려놓고
가진 것에 만족하고
모든 것에 감사하며

구름 쳐다보고
세상 길 가볍게 걸으면
지금 이곳에서
행복을 누릴 수 있으니

욕망은 끝을 모르므로
다 채울 수 없는 법
'작은 것에 만족하는 것'(少欲知足)
행복으로 가는 길이다

'마음 비우면 그 공간에
행복이 가득 찬다'

③ '물질만능주의'가 행복을 송두리째 앗아간다

진 · 선 · 미 · 성
누구나 인정하는 절대적 가치
그 위에 다른 가치가 하나 더 있으니
우리 사회를 지배하는 최고의 가치 '돈'

돈바람이 휩쓸고 지나간 곳

돈이면 무엇이든 할 수 있으니
돈이 최고의 가치가 되고
부정과 부패의 주범이 되고

물질만능주의가 사회 곳곳에 스며들어

인생의 목표가 돈 버는 것이고
부자가 성공의 지표가 되니
어린이들도 돈 버는 것이 목표라 하고
돈 벌 수 있는 전공을 선택하고
월급 많은 곳에 취업을 하고

돈이 세상을 휩쓸고 지나가니
종교도 돈을 최고로 모시고
돈 많은 교회가 성공한 교회가 되고
돈이 하나님 위에 군림하는

소위 '돈교'가 탄생했다

물질적 가치에만 골몰하다 보니
공동체 가치는 사라지고
그 결과는 공허한 상태
마음의 평화 누릴 수 없으니
이러한 가치관은 근절되어야 하리

돈은 생존을 위한 최소한의 조건일 뿐인데
돈이 행복의 목표가 되고

돈 버는 데 전력투구하니
돈의 노예가 되고
우리는 행복할 수 없네

④ '부적절한 비교'가 불행을 만든다

모든 불행은 다른 사람과
비교하는 데서 시작된다[2]
우리나라 사람들은 무조건 다른 사람과
비교하는 습성이 있으니

행복해지고 싶다면
자기보다 못한 사람과 비교하라
그러면 행복해질 수 있다[3]

자기보다 잘 된 사람과 비교하면서
뒤지면 불행하다고 생각하니
주관적 행복지수는 낮아질 수밖에

이러한 비교가 불행의 주범이다

사람은 각자 고유의 가치를 가진 존재
자신의 존재 이유를 인정하고
자신만의 행복을 추구하면

---

2) 쇼펜하우어의 말.
3) 헨리 멩켄의 말.

성공한 인생이 될 수 있건만

만족할 줄 모르고
잘된 사람과 비교하는 습성
우리들의 주관적 행복지수
OECD 국가 중 최하위
경제적 성공과 '정신적 실패'

우리들의 자화상이고
행복하지 못한 이유다

평등

– 규범과 현실 사이

국민은 법 '앞'에서 평등하다[1]
권력이 있든 돈이 많든 간에
법 '뒤'에서는 평등하지 못할 망정

평등이란 '각자에게 각자의 것을'[2] 배분하는 것
'평등한 것은 평등하게
불평등한 것은 불평등하게'
대우하는 것

법 앞에 평등은 이념에 따라 다르고
보는 시각에 따라 다르고[3]
영역에 따라 다르게 적용되니
그 시대 사회정의의 관념에 따라 결정될 수밖에

인격에 있어서는 모든 사람
절대적으로 평등하지만
능력에 따라 다르게 대우하는 것
'합리적 차별': 이것이 평등인데

---

1) 헌법 제11조 1항.
2) Ulpianus의 말. 윤명선, 인터넷 시대의 헌법학, 449면.
3) 국가인권위원회에서 제작한 '여섯 개의 시선'은 여섯 명의 감독이 각자의 시각에서 조명한 여섯 편의 단편 영화들로 구성되어 있는데, 평등과 불평등에 관한 시각차를 잘 보여주고 있다.

우리 사회의 문제는 결과에 있어서 평등을
주장하는 측면이 강하다는 데 있다

동물농장[1]

- 전체주의 특성

동물들에게 사람은 적이다
가장 잔인한 원수
땀 흘려 일구어놓은 모든 것
목숨까지도 앗아가는

동물들이 반란을 일으켜
인간을 몰아내고 만든 '동물농장'
이데올로기는 동물이 주인인 '동물주의'
두 발로 걷는 자는 모두 적이고
모든 동물은 평등하다
학습반을 만들어 이념의 옷을 입힌다

주도세력은 돼지들
능력에 따라 일하고
공평하게 나눠 먹는다고 선전하지만
모든 정책 결정하고 권력 틀어쥐니
새 질서를 유지하기 위해
충성과 복종이 강요될 뿐

벽에는 하나의 계명만이 남았다
'모든 동물은 평등하다'
'어떤 동물은 다른 동물보다 더 평등하다'

---

1) 조지 오웰의 소설 이름. 이 소설은 러시아 혁명을 풍자적으로 비판한 우화소설이다.

돼지는 두 다리로 걸으면서 인간화되고
네 발은 좋고 두 발은 더욱 좋다고 외치니
동물농장에 나타난 '새로운 계급'
특권을 누리면서 난폭하게 다스리는
전체주의 사회를 닮아 있다

동물농장을 반면교사로
우리 사회를 되돌아보며
같은 점과 다른 점은 무엇일까
곰곰이 상념에 잠긴다

진영논리에 갇혀 국민들을
'적과 동지의 관계'로 재단하고
우리 사이에서는
'더 평등한 사회'를 연출하는

우리식의 평등
사회를 어지럽히고 있다

절대적 평등은 없다

- 사회주의의 이념일 뿐

인간은 한 인격체로서 평등하다
인간의 존엄성에서는
'절대적 평등'을 주장할 수 있지만

신체·학력·능력·환경…
모든 면에서 다르므로

평등이란 '같은 것은 같게
다른 것은 다르게 대우하는 것'
능력에 따라 차별대우를 받는
'상대적 평등'[1]을 말한다

출발점에 있어서 평등인
'기회의 균등'
과정에 있어서 공정인
'게임의 규칙'
보장되어야 하지만

경쟁 사회에서는
경쟁의 결과 승패가 가려지므로
'결과에 있어서 평등'은 없다
사회주의 국가에서 실패한 것처럼

---

1) 윤명선, 인터넷 시대의 헌법학, 449-451면.

받아들일 수 없는 것

"자본주의의 태생적 결함은
행복을 불평등하게 나눠주는 것
공산주의의 태생적 결함은
불행을 평등하게 나눠주는 것"[2]

건강한 공동체를 만들기 위해
양극화 현상을 시정하고
사회적 약자를 보호하여
공생을 추구해야 하니

부의 재분배방법으로
'조세제도'가 있고
빈곤자를 구조하기 위해
'사회보장제도'가 있고

사회정의를 실현함으로써
건강한 국가공동체를 유지하기 위하여
평등의 원칙
합리적으로 적용되어야 하리

---

[2] 레이건 대통령의 말.

종교의 자유는 절대적 권리인가

- '코로나 19'의 대처방안을 보고

신천지교회를 통해
코로나 19가 더 확산하고 있는데
신도명단 내놓지 않고 협조하지 않으니
결국 공권력의 개입을 불러오고

교회 집회나 집단행사
중단해달라는 정부의 권고 무시하고
일부 교회들이 주일예배를 강행하여
집단감염 일으키니

정부는 종교의 자유를 고려해서
초기에는 자발적 협조만 요구할 뿐
공권력을 조속하게 행사하지 않아
감염을 더 키운 측면이 있는데

국민의 건강권과 생명권을 보호하기 위해
정부는 적극적으로 예방 조치를 해야 하는데
종교의 자유 때문에 공권력 행사를 자제한다니
무슨 뚱딴지같은 소리인가

신앙이 바이러스로부터 지켜주지는 못하고
방역은 과학의 영역에 속하는 것
종교가 예배로 해결할 수 없고
국가가 방역으로 해결해야 하는 영역이니

"하나님의 것은 하나님에게
가이사의 것은 가이사에게"[1]

신앙의 자유는 내심의 자유로써
절대적 권리이지만
외부로 나타나는 종교의 자유는
상대적 권리이니

더 소중한 인권인
건강권·생명권과 충돌하는 때에는
'이익형량'을 통해
종교의 자유는 제한할 수 있다[2]

종교의 자유가 절대적 권리인 것처럼
잘못된 신앙을 가진 일부 종교인들
초기에 미온적으로 대처한 정부의 부실
모두가 헌법을 이해하지 못한 탓이다

코로나 19로 죽어가는 사람에게
마지막 유언을 하라면
종교의 자유를 달라고 외칠까

올바른 신앙이 자신을 구하고
합리적인 종교의 자유가
나라의 질서를 지키는 법이다

---

1) 성경 마태복음 제22장 22절.
2) 헌법 제37조 2항.

머니 교

- 거짓 종교

뭐니 뭐니 해도 머니(money)가 최고란다
돈을 좇느라 미쳐가고 있는 세상에서는

자본주의가 들어오면서[1]
'윤리'는 빠트리고
'자본'원리만 들어오니
돈이 지배하는 사회가 되고

돈 많이 버는 것이 인생의 목표가 되고
심지어는 마음마저 살 수 있고
저 세상 가는 길에도 필요하니
최고의 권력이 된 돈

돈이면 무엇이든 통하는 세상
권력도 돈을 좇아가고
모든 문제는 돈으로 해결되니
부정·부패로 썩은 냄새 진동을 하고

돈 중심으로 돌아가는 세상
모든 문제는 돈과 얽혀 있고
종교도 돈을 좇고 있으니

---

1) 막스 베버의 저서 '기독교 윤리와 자본주의 정신'은 윤리의 바탕 위에 자본주의가 서야 함을 잘
   지적하고 있다.

최고의 신이 된 돈

사람들은 돈교의 신도가 되고
'테스 형'2)이 살아있다면
'너는 돈교의 신자 아닌가?'
너 자신을 돌아보라고
반문할 것만 같은 상황인데

'거짓 신'3)이 판치는 세상

많은 사람들이 신은 죽었다고 외치고
많은 신도들은 신이 어디에 계시냐고
묻고 있는 오늘

종교는 어디로 가고 있는가

자신을 구원시킬 자는 자신뿐

참 된 신앙을 가지든가
세상을 이길 수 있는 '초인'4)이 되든가

---

2) 가수 나훈아가 소크라테스를 약칭한 이름.
3) 티 머시 켈러가 사용한 용어.
4) 니체의 무신론의 기본원리.

집회의 자유는 어디까지?

- 전염병 예방과의 관계에서

코로나 19 사태로 떠오른 인권 문제
집회의 자유: '어디까지 허용될 것인가'

평소 집회의 자유는 집단적 표현의 자유
민주주의의 기본적 자유
다른 자유보다 더 중요하지만
방역과 관련해서는 어디까지 누릴 수 있는 지
새로운 인권 문제로 떠오른 집회의 자유

코로나의 전염
다른 사람의 건강권과 생명권
침해할 위험성 있으므로
집회와 시위의 자유도
건강권·생명권과 이익형량을 할 때
하위가치로써 양보를 해야 하는 것

집회와 시위의 자유와 권리는
'질서유지와 공공복리'를 위해
국가는 규제할 수 있으니[1]
코로나 방역을 위해 제한할 수 있는 것

대면 집회로써 전염 위험성이 있는 8·15 집회

---

1) 헌법 제37조 2항.

집회 허가를 하지 않더라도
집회의 자유를 침해하는 것은 아닌데
법원이 일부 허가를 해줌으로써
전염병 확산을 시켜 비난을 받았고

차량시위로 바뀐 10·3 집회
법원은 9대 이내로 제한해서 집회 허가를 했다
정부는 원천적으로 집회를 허가하지 않았지만
차량시위는 코로나 확산 위험성이 없다고 보고
방역을 위해 9가지 조건을 달아 일부 허가하였으니

집회·시위를 원천적으로 금지하는 것은
집회의 자유에 대한 과도한 제한으로 보고
교통질서와 형량해서 판단했으니
적정한 접근방법이었다
집회의 자유를 보장하려는 법원의 고심을 엿볼 수 있는
그 범위에 관해서는 이견이 있을 수 있지만

다음 날 조간신문에 실린
차벽으로 둘러싸인 광화문 일대의 사진
아연실색했다
언제 보았던 풍경 같기도 하고
경찰과 경찰 차량만 늘어서 있는 삼엄한 풍경
10월 9일 한글날에는 세종대왕이 얼마나 외로웠을까
아무도 가까이 접근할 수 없었으니

원천봉쇄하기 위해 전철은 광화문 근처 역 통과하고

시민들은 그곳 통과할 때 몇 번씩 검문을 받고
이건 과도한 조치였다
행동의 자유를 제약하는
'정치방역'이란 소리 들을 만하지
민주국가의 거리풍경이 맞는지?

시민 불복종

- 집단 이성이 결정한다

대한민국에서도
민주화 바람 타고
시민 불복종이 유행하고 있다

'시민 불복종'이란
부정한 법이나 정책을 바꾸려고
거리에서 집단적 항의를 하는 것
법은 지켜가면서

악법이나 부정에 대한 정의의 도전이니
그 법이나 정책은 아주 잘못되고
객관적인 정의 원칙 어기고
다른 방법이 없을 때
마지막 수단으로 할 수 있는 것

시민 불복종은 자연권에 기초한
헌법상 권리인 동시에
주권자로서 행사하여야 할 의무로써[1]
정상적인 절차를 밟아서는
의견을 반영시킬 수 없는
소수집단들의 목소리다

---

1) 윤명선, 인터넷 시대의 헌법학, 72-75면.

국회의원이 불복종을 한다는 건
시민 불복종 운동이 웃을 노릇이고
국회의원은 국회에서 말하라
정책대결로
그 정당성은 국민이 심판할 것이니

우리 사회의 문제는
시민 불복종은 정의라고 외치면서
폭력적 방법으로 하는 데 있다

개인정보가 팔리고 있다

- 세상은 원형 감옥[1]

감시카메라를 통해
사람들을 24시간 감시하는 세상
'1984년'[2]이 왔다
백화점 카드회원
인터넷 쇼핑몰 회원
핸드폰대리점 이용자
여러 가지 방식으로
신상정보가 통째로 팔리고
코로나 19 앞에서 모든 국민
방역의 명분으로
신상정보가 다 노출되고

개인은 호기심에서
기업은 돈벌이로
국가는 감시 위해
개인의 정보 모으고
방역을 위해 확인하고

당신의 신상정보는 잘 보관되어 있는지
핸드폰·CCTV 같은 전자기기에 들어온 정보들

---

1) Bentham은 각 방을 감시관의 눈으로 관찰할 수 있으며, 감시관이 같은 층의 모든 방을 잘 들여 다볼 수 있는 원형 모양으로 건축된 감옥을 '원형감옥'이라고 불렀다.

2) 오웰의 예언 소설 이름으로 모든 사람을 원형감옥에서 감시함으로써 프라이버시가 말살된 전체 주의 사회를 묘사하고 있다.

인터넷 통한 정보의 무한유통
신상정보는 돌고 돌아 세상을 누비고 다니고
누드사진까지도

당신의 모든 것 그들이 들여다보고 있다
어항 속 붕어처럼
신상정보가 드러날까
누구나 불안에 떨고
세상은 '원형감옥'과 같은 것
코로나 19가 그 현상 더 부채질하고

프라이버시의 종말이 다가오고 있다

인터넷 실명제

- 논리가 질서를 위태롭게 만든다

사이버공간에서 인권 보호를 위해 필요한
'인터넷 실명제'
합리적인 제도적 장치인데
익명성 뒤에 숨어서 하는 표현
추적이 사실상 어려우니
범죄 심리 부추기고
부담 없이 범죄 저지르게 되니
범죄행위는 더욱 심해지고

'인터넷 실명제'는 헌법에 위반된다는
헌법재판소 결정[1]
사이버공간을 해방구로 만들려는 것인가
인터넷 실명제는 대다수 시민의
익명 표현의 자유에 대한 지나친 제한이라며

익명 표현이 부작용을 불러올 수 있더라도
헌법적 가치에 비추어
강하게 보호되어야 한다는 헌재의 논리
받아들일 수 없네
표현의 자유에는 책임이 따르고
다른 사람들의 권리 침해해서는 안 되므로

---

1) 헌재결 2010헌마252.

인터넷 실명제는 불이익을 걱정해
표현 자체를 그만둘 가능성이 있다면서
위축 효과를 걱정하였는데
처벌을 걱정해 표현하지 못한다면
그것은 보호받지 못할 표현으로
범죄를 전제로 하는 것 아닌가

인터넷상 표현의 자유는 절대적 권리인가
인간은 천사가 아니다
사이버공간에서는 선한 인간이 되는 것도 아니고
헌법재판소의 결정은 너무 나갔다
그 폐단을 막을 조치도 없이
인터넷 실명제가 무조건 헌법에 반한다니

조속한 시일 안에 인터넷 실명제 채택되어
인터넷 환경을 순화시키기를 소망한다
어디에서나
행복추구권을 누리기 위해

잊힐 권리

- 새로운 유형의 프라이버시 권리

사이버공간에서 무수히 떠돌고 있는
개인정보
익명성 뒤에 숨어서
무책임하게 정보를 만들고 퍼 나르는 군상들

명예훼손・그릇된 정보・욕설・비방…
정보라기보다는 쓰레기 수준의 험담들
사이버공간에서는 너무 빨리 퍼져
한번 떠오르면 회복할 수 없는 피해를 보고

누구나 잊고 싶은 과거
인터넷 기억은 지워지지 않으니
빨리 비밀의 옷 입고 싶어 한다
'1984'로부터 벗어나기 위해

온라인상에 게시된 자신의 과거 정보
삭제를 요구할 수 있는 '잊힐 권리'[1]
아직은 형성 중인 권리이지만

표현의 자유와 알 권리
사생활이나 인격을 침해해서는 안 되고

---

1) 유럽사법재판소가 스페인 변호사가 제기한 자신에 대한 구글의 검색 기록을 삭제해 달라고 요구할 수 있는 권리를 인정하였으며, 우리나라에서도 활발하게 논의가 되고 있다.

오늘도 나만의 옷을 입고
사람들로부터 잊힌 하루
보내고 싶은 인간의 자유

정보사회가 요구하고 있는데

VII

어떻게 위기를
극복할 것인가?

정치가 걸어야 할 길

- 지금이 바로 출발점이다

정치는 통합의 기술이요
조화의 예술이어야 하리

국민의 다양한 의사 수렴하고
복잡한 이해관계 조정하여
하나의 건강한 공동체로 만드는 것
정치의 본령이요 생명이거늘

국민을 편 가르고
적과 동지의 관계로 재단하여
진영논리로 일관하고
싸움터로 몰아가는 오늘의 정치

방역은 과학적으로 대처해야 하는데
정치적으로 대응하고
경제는 경제원칙으로 풀어야 하는데
정치적으로 접근하고

모든 문제가 정치화되니

국민은 양 진영으로 갈리고
진위의 문제가 진영의 논리로 바뀌고
정의도 편 가르기 하고

거리에서 승패를 가리려고 하고

민주적 절차도 무시하고
법치주의는 곳곳에서 부서지고
권력분립주의는 사실상 무너지고
민주공화국의 근간이 흔들리고

대통령은 文主主義
국회는 通法詛
사법부는 死法腐
이런 용어들이 회자하고 있는 현실

아! 슬프다

'정치는 4류'[1]라고 했는데
지금은 더 추락해서
정치는 5류다
아니 '誤謬'라는 표현이 더 적합하지 않을까

정치는 정도를 걸어야 하는데

'정치판을 바꾸자'
'정치판을 깨부수자'
정치에 대한 불신 가득하고
별의별 쓴 소리 다 나오고

---

1) 삼성 이건희 회장의 말.

정당정치는 항상 싸움 타령
정치인 선출방법에도 문제 있고
헌법 개정을 조속하게 하고
정치문화가 바뀌어야 하는데
도무지 낌새가 안 보이니

'메시아'는 언제쯤 나타날까
민주적 리더십을 가지고
국민통합을 이룰 수 있고
건강한 국가공동체를 이끌어갈

오늘의 위기를 극복할
'집단 이성'은 언제 작동할까
'황혼이 되면 미네르바의 부엉이
날기 시작한다'라고 했는데

모두 깨어나라
국가공동체를 바로 세우고
밝은 내일로 건너가기 위해

가짜는 가라[1]

가짜는 가라
애국도 이념도 정의도
진짜만 남고
가짜는 가라

가짜는 가라
민생과 복지와 경제
민주와 법치와 통일
진실만 남고
가짜는 가라

다시 한번 외치노니
가짜는 가라
거짓말 하는 군상들
함량 미달의 정치인들
정치 망치는 깡패 도당들
진실한 인물만 남고
건강한 국가공동체를 위하여

가짜는 가라
국민 어지럽히는 모든 거짓말은
진실만 남고

---

1) 신동엽의 시 '껍데기는 가라'를 패러디한 것임.

국가는 두 날개로 날아야!

- 건강한 국가공동체로 가는 길

새는 두 날개로 난다
왼쪽 날개(左翼)와 오른쪽 날개(右翼)[1]
두 날개는 한 몸
한 쪽 날개로는 날 수 없지

민주주의가 추구하는 두 가치
자유와 평등
각기 다른 가치 추구하는
보수와 진보
국가는 두 날개로 날아야 한다

국정 운영의 최고책임자 대통령
국민통합의 상징[2]
두 날개를 함께 펴고
국가라는 새
비상하게 해야 하리

우리 사회는 분열된 사회
두 동강이 나서

---

1) 보수와 진보 또는 우익과 좌익의 개념은 엄격하게는 다르게 해석되기도 하지만, 여기서는 보수와 우익, 진보와 좌익으로 포괄적으로 구분하여 사용한다.

2) 대통령은 선거를 통해 다수표를 얻은 자를 당선자로 선출하는데, 그 과정이 한편으로는 승자와 패자를 가리는 경쟁의 과정이지만 또한 그 결과로써 선출되는 대통령은 국민 전체의 대표로서 통합의 상징을 의미한다. 따라서 대통령은 국민 전체를 대표하고 국민 전체의 의사를 수렴하고 소수자의 이익도 존중하는 태도로 국정 운영을 해야 한다.

진영 간 갈등이 깊고
선과 악의 대결 벌이며
공생할 줄 모르니

궁극적으로 진정한 통합의 길은
가치의 통합
민주주의의 이념인 자유와 평등
구조적으로 통합되고
균형과 조화를 이루어야 하리

자본주의는 부의 불평등
체제의 갈등 유발하고
사회주의는 빈곤의 평등
체제의 붕괴 초래하니
완전한 체제는 없고

우리 헌법이 채택하고 있는
경제체제는 '사회적 시장경제'[3]
자본주의를 기본으로 하지만
경제적 격차를 줄이기 위해
실질적 평등으로 보완하는

국가공동체가 나아갈 방향
개인적 자유 먼저
사회적 평등 보완
두 가치의 화학적 결합이고

---

3) 헌법 제9장.

가치의 통합 이룰 때
이념의 분쟁 해결되고
체제의 안정 이루어지며
미래지향적으로 나아갈 수 있으니

건강한 국가공동체를 향하여

통합의 길

- 국가통합의 방법

나라가 갈기갈기 찢어져
매사에 싸움만 하고 있으니

이념이 다르고
지역이 다르고
세대가 다르고
계층이 다르고
성별이 다르다고

정치는 다양한 가치
공정한 배분을 위한
통합의 기술이요
조화의 상징이거늘

대한민국은 갈등이 심한 나라
갈등지수 OECD 국가 중 최상위

진정한 통합은 가치의 통합
보수는 자유를 강조하고
진보는 평등을 중시하고
경쟁하면서 정권교체를 해왔지만
나라는 이 모양 이 꼴이네

두 가치는 정·반의 모순관계인
투쟁의 대상이 아니라
'합'1)의 형태로 조화를 이루어야
궁극적으로 국민통합 이루어지고
최종적으로 국가공동체가 건강해지는 법

국민을 2분법으로 가르고
진영논리로 대립하는 한
타협은 안 되고
협치도 안 되고
민주정치는 물 건너가지

통합과 협치는 자세가 중요한데

소통 먼저
가치 접근
토론과 협상
양보
독선 배제

어떻게 해야 하나 이 정치판
愚公移山(우공이산)
정부·정당·국민
상생의 길 걸어야
실질적인 통합 가능한데

---

1) 헤겔의 변증법에서 말하는 '정-반-합'을 가르치는 것으로 정과 반이 화학적 결합의 형태로 발전하는 것을 말한다.

정치판을 바꾸고
정당정치 건강하게 이끌고
위기 극복할 수 있는
강력한 지도력을 가진 지도자
미래지향적인 지도자

언제쯤 나타날까

열어라!

– 국민과의 소통을 위하여

모든 기관을 열어라

보고 싶은 것만 보지 말고
듣고 싶은 것만 듣지 말고
아픈 곳 외면하지 말고
딴 세상 이야기 하지 말고

눈을 열고

국민의 실상을 똑바로 보라
얼마나 힘들고 고통스러워하는지

귀를 열고

국민의 간절한 소망 들어라
국민의 원성 안 들리는가 무엇을 원하는지

가슴을 열고

국민의 마음을 진지하게 느껴라
어떻게 위로하고 위기를 극복해야 할지

머리를 열고

지혜를 모아 정확한 대안을 마련하라
어떻게 해야 국민이 함께 잘살 수 있는지

그리고 입을 열고

나라가 나아갈 청사진을 분명하게 밝혀라
어떤 정책으로 국민을 이끌고 갈 것인지
모든 기관을 여는 것

참된 소통으로 가는 길
국민통합으로 가는 길
민주정치 활성화되고
성공한 정부 되는 자세이니

마음의 창문 열고
세상을 바라보라
역사의 수레바퀴
돌아가는 소리 들으라

급구! 메시아

- 어디에 계시나이까?

이 땅에 메시아 한 분이 필요한 오늘
나라를 구할 역사적 인물
미래를 바라볼 수 있는 비전 있는 지도자
국민적 통합을 이룰 수 있는 참된 지도자
강력한 리더십을 가진 민주적 지도자
어디 없소? 이런 지도자

破邪顯正(파사현정)
그릇된 것 깨고 바른 것 드러내는 지도자
정의를 실현하는 지도자
거짓을 물리치고
파당을 와해시키고
나라를 구할 수 있는 지도자

'황혼이 깃들면
미네르바의 부엉이가 날기 시작한다'

전체로서의 국민
항상 현명하지도 않고
반드시 위대하지도 않고
국민의 의사 만능도 아니고
민주주의가 안고 있는 근본적인 난제이니

국민의 의사 원칙적으로 존중하되
항상 영합하지 않고
미래를 내다보고 바른길로 인도하며
현명하게 나라 이끌어갈 수 있는
용기 있는 지도자가 필요하거늘

훌륭한 지도자 나오기 힘든 정치구조
정당이 지도자 내세우는 정당 국가에서는
국민은 사실상 선택권이 없고
내세운 사람 중에서 골라야 하니
위대한 인물 나오기 힘들고

지도자 한 명 잘못 뽑으면
왕과 노비의 관계로 변하는가
민주국가에서는 대통령도 공복으로
국민의 목소리에 귀 기울이고
민주적 리더십을 보여야 하는데

우리 문화의 탓도 있다

권력이 대통령에게 집중되고
권력의 통제가 안 되고
야당은 제 역할 못하고
여론은 수용하지 않고
집권당은 고삐 풀린 망아지처럼 날뛰니

정부 형태 우리 몸에 맞도록 바꾸고
정치문화 합리적으로 발전시키고

시민의식도 건강하게 키우고
시민 권력 제대로 역할 다하고
집단 이성이 살아있어야 하는데

위기를 극복할 수 있는 힘은 '이성'뿐
국민의 이성 조직화되어
집단 이성으로 작동해야
주권자의 지위를 간직하고
나라를 바로 세울 수 있으니

깨어나라! 시민의식이여
뭉쳐라! 집단 이성이여
나라가 사느냐 죽느냐
그것이 문제로다

꿈속 인간상

- 현실 속에서 보고픈 사람 모습

꿈속에서 신으로 태어난 나
새로운 인간상을 구상했다
어떤 인간상이 이상형일까
천사들과 의논하며

하나님께서 창조하신 인간
세상을 어지럽히는 자들 많으니
정신을 개조하여
새로운 인간으로 진화시키려고

가슴에는 촛불로 새긴다
良心이란 두 글자
마음을 갈고 닦아서
건강한 공동체 이룰 수 있도록

머릿속에는 깊이 불어넣는다
좌우 두뇌에 良識을
나쁜 지식 동원해서
세상을 어지럽히지 않도록

마음에는 품성을 입힌다
良質의 인품으로
서로 신뢰하고 존중하며

평화롭게 공생할 수 있도록

민주시민의 품성
집단 이성의 요소
헌법 의식의 기초

감성에 이끌려 다니지 않고
이성의 지배를 받으며
공생을 추구하는
도덕적·합리적 인간

양심 + 양식 + 양질
3양으로 빚어낸 새 인간상

건강한 국가공동체 건설할지니

'보기에도 아름답구나'[1]

꿈에서 깨어나니
그 인간상
어디로 사라지고
나도 한 인간으로 남아 있고

---

1) 하나님께서 보시면 이렇게 감탄하시지 않을까?

건강한 국가공동체로 가는 길
- 교육과 규범이 제대로 작동해야 하리

지금 대한민국의 최대의 위기는
공동체 가치가 허물어지는 것
국가공동체가 건강하게 작동하기 위해서는
공동체 가치[1]를 지키고 생활화해야 하리
교육을 통해 인성을 키우고
법 규범으로 가치를 지키도록 함으로써

가정에서 인성교육은 사라지고
공교육은 입시 중심으로 변하고
사회 곳곳에서 경쟁이 깊어가니
인간성은 점점 메말라가고
공동체 가치는 뒷전으로 밀리고

가정교육이 근본이고
공교육의 교육방식 바꾸어
인성교육이 살아나서
민주시민으로서 성장해야
국가공동체가 건강해지리니

---

1) 국가공동체는 국민이 함께 공생하는 집합체로써 일정한 가치 위에 세워지는데, 다음과 같이 9
   개의 가치가 3단계로 구성되어 있다.
   ① 신용 – 연대 – 협동
   ② 안전 – 질서 – 평화
   ③ 자선 – 기부 - 봉사

최종적 방법은 강제규범인 법
엄격하게 제정하고 집행해야
법을 지키게 되고
사회가 안정되고
국가공동체가 건강해지거늘

싱가포르를 보고 배워야 하리
엄격한 법
가차 없는 집행
깨끗한 나라 만들고
오늘의 번영 누리고 있으니

'이성이 법을 만드는 것 아니라
법이 이성을 만든다'

역사를 다시 써가야 한다
교육이 바로 행하여지고
규범이 제대로 작동하여
건강한 시민의식 되살리고
공동선을 바로 세울 수 있도록

건강한 국가공동체로 거듭나기 위해서는

깨어나라 깨어나!

- 시민의식을 찾아서

국민이여! 깨어나라

'한 번도 경험해보지 못한 나라'

이 나라는 내우외환에 처해 있네
전에 겪어보지 못한 총체적인 위기
나라 안과 밖에서 밀려오는 거센 파도
한반도 전체를 덮치고 있으니

'황혼이 깃들기 시작하면
미네르바의 부엉이가 날기 시작한다'

국민은 두 갈래로 갈리고
정당들은 싸움만 하고
정치는 자생능력 잃고
정부는 일방통행만 하고

메시아는 나타나지 않고

나라가 위기에 처하여 있을 때
다른 제도적 방법이 없으면
주권자인 국민이 직접 나서야
국가를 건질 수 있으니

지금은 '깨어 있는 국민'이 나설 때

진영논리에 갇혀있는 사람들
우물 안에서 벗어나
더 넓은 세상에서
눈을 뜨고 살아야 하고

포퓰리즘의 포로가 된 사람들
나라의 빚은 우리들의 빚
나라의 미래를 생각하며
올바른 판단을 해야 하고

"인간은 무리 지어 생각하는 동물이다
미칠 때에는 집단으로 미쳤다가
제정신으로 돌아올 때에는
한 사람씩 천천히 온다"[1]고 하는데

갈라서면 망하고
뭉치면 흥한다는 소박한 진리
함께 화합하고 협동하며
건강한 국가공동체 가꾸는 것은
국민의 의무

"사회적 전환기의 최대의 비극은
악한 사람들의 거친 아우성이 아니라
사람들의 소름 끼치는 침묵이다"[2]

---

1) 찰스 메케이, 대중의 미망과 광기(1841).

합법적으로 독재로 가는 길
다리 역할 하는 건 국민 대중
선거를 통해
다수라는 이름으로

이렇게 탄생한 정권
합법의 탈 쓰고
권력이 법 위에 군림하며
독재는 완성되는 것

위기를 극복할 힘은 이성에 있다
운명은 우리 이성에 달려 있으니
집단 이성이 살아나서
나라를 건져내야 하리

집단 이성이여! 깨어나라
주권자로서 우뚝 서라

---

2) 마르틴 루터 킹 목사의 말.

위기를 탈출하려면
- 집단이성(集團理性)이 살아나야

감성에 휘둘리면
나라가 망하는 법
위기를 극복할 수 있는 무기
이성밖에 없고

한 나라의 운명은
집단이성에 달려 있나니

눈앞에 어른거리는
현재의 이익에 눈멀면
이성적 판단 못 하고
서서히 죽어간다

한 나라의 바탕에는
집단이성이 받치고 있어야
건전하게 작동하는 법
민주주의도 국가공동체도

전체로서의 국민
반드시 현명하지도 않고
합리적으로 행동하지도 못하니

다수결이란 원칙에 의해

합법적 방식으로
전체주의로 몰락하는 역사적 교훈
되새겨야 하리

코로나 극복이란 정치 논리에 매몰되어
포퓰리즘이 난무하는 현상
선거 결과를 보면 판단할 수 있지
민심의 흐름 보면 그 약발 알 수 있고

나라를 지키는 최후의 보루
'집단이성'으로 살아나야 한다
유권자들의 선택
이 나라의 미래 운명 결정하니

집단이성이 정신 차리지 못하면
나라가 어디로 갈 것인가
이대로 가면 20년 못 넘기고
나라가 폭망할 텐데

"정치를 외면한 가장 큰 대가는
가장 저질스러운 인간들에게 지배당하는 것이다"[1]

국민은 풀이 되어서는 안 되리
바람 소리만 들어도 눕는
국민은 억새이어야 하리
바람 불어도 흔들릴망정 쓰러지지 않는

---

1) 헤겔의 말.

황혼이 깃들기 시작하면
미네르바의 부엉이가 날기 시작하는 법
지금은 미네르바의 부엉이가
날기 시작해야 할 때

깨어나라! 국민이여
이성으로 돌아가세
원칙으로 돌아가세
미래를 내다보고

집단이성이 살아나
올바른 판단을 하고
나라가 바른길로 가는
추동력이 되어야 하리

오직 나라가 살길은 이 길뿐

헌법 개정은 어떻게 해야 하나?

- 바로 지금 국민이 나서야 하리

헌법의 생명은 운영하는 인간에게 달려 있다
헌법을 자주 고치는 것은 바람직하지 않지만
제도적인 근본적인 문제
헌법을 심하게 훼손하면
헌법을 개정해서 제도를 정비해야 하리

현행 헌법이 채택된 지 30여 년

권력의 제도화를 통해 법치국가는 지켜지는 법
각 기관이 제 기능을 다 해야 하리
권력이 인격화되면 자의적으로 행사되고
그 경향이 심화하면 독재로 흐르는 법
대통령에게 집중되어 있는 권력
분산시켜 권력의 인격화 막아야 하리

대통령의 권한 분산시키기 위한 부통령제 채택
국회의원의 특권 내려놓기
행정부에 대한 통제기능 강화
사법기관의 독립성과 정치적 중립성 확보
공무원의 정치적 중립성 보장
지금까지 드러난 제도상의 문제들
헌법 개정을 통해 보완해야 하리

헌법의 하부구조는 정치문화
충성으로 상징되는 유교 문화의 개혁
정당의 민주화
자유 언론의 확립
민주적 절차에 따른 의사결정
국민의 시민의식의 성숙
이들 조건들이 갖추어져야
권력의 집중 막고
견제와 균형이 가능하고
민주주의가 작동하고
법치주의가 기능하고
살아있는 헌법이 되거늘

정치문화의 개선은 지속적인 과제
이제 새 옷으로 갈아입어야 할 때
국민적 공감대가 이루어져도
대통령 후보의 이해관계나
정당의 반대로 늦어지고 있으니

헌법 개정은 국가를 새롭게 설계하는 것
당파적 이익에 따라 결정되어서는 안 되고
지금의 문제들을 해결하기 위해서
하루빨리 헌법을 고쳐
우리에게 맞는 정부 형태
우리 몸에 맞는 헌법을 채택해야 하리

이제 국민이 나서야 할 때다

집단이성(集團理性)이여!

우리나라에
과연 집단이성은 살아있는지
눈앞에 어른거리는 이익에 눈멀면
이성적 판단 못하니
미래는 보지 못하고

서서히 죽어간다
스스로는 모르는 채

민주주의의 바탕에는
집단이성이 받치고 있어야
건전하게 작동하는데

'보수 vs. 진보'의 이념 문제
아니라
나라가 '사느냐 죽느냐'의 문제
이다

포퓰리즘은 집단이성 마비시키는
마약과도 같은 것
민주주의의 근본이념 갉아 먹는
기생충과 같은 것

베네수엘라를 보라

우리나라는 아직은 아니라고?

지난 총선 결과를 보면
어느 정도 판단할 수 있지
민주주의의 함정
다수결 원칙
합법적 방식으로 전체주의로 가는 길
열어줄 수 있는

여론과 선거에서
다수의 의사
집단이성으로 나타나지 않고
국가의 갈 길 반영 못 하고

표퓰리즘
대낮에 세상을 활보하네
코로나 덕분에
당연한 것처럼

코로나 사태의 극복방안
악성 포퓰리즘
그 앞에서 모든 것이 무너지고 있다
투표권은 물론 양심마저도

코로나 사태가 반영하는 현실
국회의원 총선거
눈앞의 이익이나 진영논리에 의해 결정되니

나라의 근본문제는 뒷전이고
국가의 미래는 아랑곳하지 않고

성숙한 시민의식뿐이다
나라를 지키는 최후의 보루
집단이성으로 살아나야 한다

이대로 가면 20년 못 넘긴다

다만 내 말에 책임질 수 없다는 것이 아쉬울 뿐
그때까지 살아있지 못할 테니까

단맛 보면 끊기가 어렵고
중독이 되고
처음에 이성적으로 대처하지 못하면
질병이 되고
나중에 후회해보아야 소용없는 것

이 나라는 어디로 가고 있는가?
집단 이성에게 묻는다

'쿠오바디스'

어떤 질문

– 어떻게 나라를 살릴 방법이 없는가

(포럼에서 특강을 마친 후 받은 질문이다
"어떻게 망가지는 나라를 건질 수 있는
헌법상의 방법은 없느냐?")
다수결 원칙이 민주주의를 해치고 있지
여당의 독주 제도적으로는 막을 길 없네
여당에 절대 과반수 의석을 줌으로써
야당의 견제기능 무력화시킨 때문에
스스로 자제하는 길밖에

다수결 원리는 민주적 의사결정의 방법
다수결이란 이름으로 무엇이든 할 수 있지
소수당인 야당은 여당의 독주 막을 방법이 없고
입법과정에서 심의절차를 거칠 때
정책에 대한 견제와 비판할 수 있는 방법 외에는

대통령의 헌법상 권한 막강하고
국회에 의한 통제 안 되고
정당 간에 협치 안 이루어지고
권력의 인격화가 깊어지면
사실상 대통령에게로 권력이 집중되니
권위주의로 흐르게 되고

대통령의 독선 말리기 힘드네

해바라기처럼 위만 쳐다보면
권력이 제도적으로 행사 안 되고
여론에 귀 안 기울이면
정치가 국민으로부터 이반되고

아직도 뿌리 깊게 남아 있는
유교 문화의 잔재
대통령에게 무조건 복종하는 정치문화
민주주의로 가는 걸림돌
독주를 뒷받침하고

헌법상 유일한 제도적 방법은 탄핵1)
현재 여당 의석 2/3에 가까우니
국회에 의한 탄핵소추는 불가능하고
탄핵소추가 가결되더라도
현재 재판관의 구성으로 보아
탄핵 결정이 나온다는 보장이 없고

제도적으로는 통제할 방법이 없으니
남은 방법은 주권자인 국민 손에 있다
비제도적으로는 국민이 위임한 권력을 회수하는 '저항권'
이것이 유일한 방법이다

'불의가 법이 될 때 저항은 의무가 된다고 했다'
과연 '저항권 행사'가 헌법상 가능할까2)

---

1) 대통령이 직무집행에 있어서 헌법이나 법률을 위반한 때에는 국회 재적의원 과반수의 발의와
국회 재적의원 3분의 2 이상의 찬성으로 탄핵소추를 할 수 있으며(헌법 제65조 1항), 헌법재판
소의 재판관 6인의 찬성으로(제113조 1항) 탄핵심판에 의해 퇴임한다(제111조 1항).

저항권은 법과 정치영역 사이에 존재하는 문제로써
헌법상 명문의 조항은 없지만
민주국가에서는 자연권에 기초하여
비상적 방법으로 수용하는 저항권
주권자인 국민의 근원적 권한이요 의무이다

헌법 질서를 중대하게 침해하거나 훼손하는 경우
주권자인 국민이 헌법 질서를 수호하기 위해
위임한 권력을 회수하는 최후의 비상수단으로
실력으로 저항할 수 있는
일종의 (국민) 긴급권이 저항권이다

종국적으로는 정의냐 부정이냐의 대결이 아니라
국가권력 v. 시민 권력의 대결로 나타나니
궁극적으로 적용되는 논리는 '힘의 논리'3)
성공하면 저항권 행사가 되고
실패하면 법적 처벌로 끝나는4)

인터넷에서 어떤 시민이 올린 댓글이다
"분노하라
우리가 침묵하면 개돼지 취급을 받는다"
집권 세력이 '분노의 정치'를 동력으로
전 정권의 몰락을 끌어낸 정치 공학

---

2) 우리나라에서는 법실증주의자는 명문조항이 없으므로 저항권을 부인하고, 자연법론자는 자연권에 기초하여 저항권을 인정한다. 헌법재판소는 통합진보당 사건에서 저항권을 수용하였고, 대법원은 김재규 대통령 시해 사건에서 이를 부정하였다.
3) 독일 헌법은 그 요건으로 중대성, 명백성, 최후수단성과 성공 가능성을 들고 있다.
4) 윤명선, 인터넷 시대의 헌법학, 76-81면.

국민의 분노를 되돌려주자고 외친다

우리 헌정사는 불행하게도 단절의 역사
'불의에 항거한' 4·19 혁명으로부터
박근혜 대통령의 탄핵 결정에 이르기까지
이 고리를 끊는 것이 진정한 민주화의 길이니
역사의 교훈 되새기며 국정 운영을 해야 하리

저항권 행사 없이도 나라가
'민주공화국'으로 발전하기를 고대하며

역사여! 답하라

- 누구나 알고 있는 진실

입만 열면 평등 · 공정 · 정의 외치면서
하는 걸 보면 불평등 · 불공정 · 불의 하네
平等은 누구를 위한 것이고
公正은 한쪽으로 기울고
正義는 누구 편인가

거짓이 판치는 세상
진영논리에 갇혀있고
국민 아랑곳하지 않고
자기들 마음대로 세상 바꾸겠다는
후안무치한 군상들

바라만 보고 있는 국민
너무 무기력 하구나
언론이 나팔 불어도 귀 막고
자기들만 옳다고 주장하고
일방적으로 달려가는

이게 정의냐
이게 정치냐
이게 정당이냐
이게 나라냐
국민은 고함지르고 있는데

정치는 싸움질만 하고
경제는 무너져버리고
안보는 핵 앞에서 허덕이고
외교는 고립무원으로 가고
사회는 혼란스럽고
문화는 피폐해지고

'한 번도 경험해보지 못한 나라'

누구도 인정하고 싶지 않은 현실
아무리 외쳐 봐도 허공에 메아리

진실은 진실대로 밝히고
역사는 왜곡하지 말고
정의사회로 가야 하는데
거꾸로 가고 있으니

대통령에 대한 견제수단이 없고
다수당은 일당독재의 길로 가고
권력이 법 위에 군림하고
법이 끝나는 곳에서 독재는 시작되는 법

국민의 눈 가리고 귀 막고
법적으로 당장 책임 면한다고
영원할 줄 아는가
역사의 수레바퀴는 계속 돌고
진실은 반드시 밝혀지는 법

우리 헌정사가 되풀이하는

역사 앞에서 겸손하라

정치적으로 해결하지 못하면
제도적으로 막을 방법이 없다면
국민이 직접 나서는 수밖에
국가기관이 위임한 권력 남용하면
주권자로서 국민이 직접 나서서
환수해야지

지금은 국민이 나서야 할 때
나라를 살리기 위해서

우리가 가야 할 길

- 근본으로 돌아가야 한다

이제 우리는 빠른 길이 아니라
바른길로 가야 한다

가치관의 변화
시민의식의 함양
공동체 정신의 확립
포용적 성장

개혁은 혁명보다 어렵다
누구 없소?
나라를 구원할 사람

경제가 전부가 아니고
시민의식을 바로 세워야 하리
건강한 국가공동체를 위하여

근본으로 돌아가야 하리
국가공동체의 가치를 바로 세우고
행복한 삶을 살기 위해서는

3양이 요구된다
양심이 회복되어야 하고
양식을 가지고 살아야 하고

양질의 삶을 펼쳐야 하고

편 가르기 그만하고
국민통합 이루고
마음을 모아
미래로 나아가야 하리

우리나라의 미래는?

- 지금은 몇 시인가

지금 이 나라는 몰락의 길 걷고 있다
몰락의 징후는 내부에서 시작되는 법
견제기능이 작동 안 할 때
권력이 집중되고
권력이 폭주하면서

나라를 편 가르기로 나누고
진영논리가 지배하고
모든 일 무리수로 진행하고
목표 달성 위해 무조건 밀어붙이는
말기적 현상 일어나고 있으니

헌법이 상처투성이가 되고
나라가 근본부터 무너지고
'한 번도 경험해보지 못한 나라'

정부는 소수의 목소리
들어야 할 의무가 있고
이것이 民國(민국)이다
소수의 목소리 무시되면
이곳이 민국인가?

위임 받은 권력

개인 권력인 줄 착각하면 안 되지
칼을 손에 쥐었다고 마구 휘두르다간
결국 자신까지 찔리는 흉기가 된다는
역사적 교훈 잊지 말아야 하리

이건 역사도 아니야
바로 어제의 일이지
항상 어제의 교훈 새기며
몸가짐 추슬러야
역사의 단두대에 서지 않으리

국민을 두려워하지 않고
법을 무시하고 법치를 위장하고
"시작은 있고 끝은 없다"(有始無終)(?)
영원한 것은 없나니
'시작이 있으면 끝이 있는 법'(有始有終)

국민은 때로는 순응하지만
영원히 순응하지는 않는 법
언젠가는 화가 나면
몽둥이 들고 자신들을 관리하던
집권 세력 몰아내고 마니

현재의 문제 가리려고 검찰수사 막고
법원의 판결 아무리 유리하게 하더라도
정권교체 되면 신 적폐 청산 내세워
줄줄이 법 앞에 서고 말 텐데

우리 역사가 되풀이하고 있는 비극

막무가내로 힘으로 밀어붙이는 오만
참으로 어리석도다
어제의 거울에 오늘을 비춰보고
내일의 심판을 두려워하며
국정을 바르게 이끌어가야 하리

시간이 흐르는 것 막을 수 없고
있던 죄 사라지는 것 아니고
내일은 반드시 온다는 것
옳고 그름은 반드시 가려진다는 것
역사의 교훈 되새겨야 하리

미래는 국민 가슴속에 있다
마음이 뜨거우면 미래를 개척할 수 있고
마음이 미지근하면 미래로 나갈 수 없고
집단이성으로 뭉쳐 미래를 개척하면 열릴 것이요
흩어지면 미래는 보이지 않을 것이니

이제 나라가 바로 서려면
제도적으로는 방법이 없다
권력 앞에서 무기력한 인간
오히려 시간이 흐를수록
다수의 이름으로 망가질 뿐

죽느냐 사느냐

나라가 기로에 서 있다
나라의 운명은
국민 손에 달려 있으니

깨어나라 국민이여!
집단이성이 되살아나야 한다

▌Epilogue :

붓을 내려놓으며

'학자는 강단에서 말한다'라는 소신으로
정치적 언행을 지금까지 피해 왔다
그러나 헌법이 무너지고
나라가 망해가고 있는 것을 지켜보며
보고만 있을 수 없어서
끝내 입을 열게 되었다
이제는 강단을 떠났기 때문에
붓으로 말한다
실은 더 솔직하게 말하지 못하고
붓을 놓는 것이 아쉽다

'시여! 침을 뱉어라'
더 이상 세상 돌아가는 걸 보다가는
내가 돌아버릴 것 같아서
2020년 10월 10일 오늘로써 붓을 놓는다
역사는 제 길로 흘러갈 것이고

집단이성도 작동할 것으로 믿고

다시 '나'에게로 돌아간다.
신문 구독 끊고 정치에서 관심 돌리고
구름 쳐다보고 걸으면서
마지막 인생, 길
소설 쓰면서 소설처럼 살다 가련다.
자아를 찾아서
구원을 찾아서

헌법학자로서 헌법적 관점에서
현재의 시국을 진단하는 것이다
나의 입장은 이것으로 다 밝히고
모든 것은 독자들이 읽으면서
해석하고 느끼기를 바랄 뿐
어디까지나 시니까

질문에 대해서는 일체 응하지 않고
입장을 요구하면 함구로 일관하고
비난이 쏟아지면 무대응으로 대하고
시종일관 침묵으로 장식할 것이다.

憲法別曲
이 나라는
어디로 가고 있는가

초판인쇄 2020년 12월 31일
초판발행 2020년 12월 31일

지은이 윤명선
펴낸이 채종준
펴낸곳 한국학술정보㈜
주소 경기도 파주시 회동길 230(문발동)
전화 031) 908-3181(대표)
팩스 031) 908-3189
홈페이지 http://ebook.kstudy.com
전자우편 출판사업부 publish@kstudy.com
등록 제일산-115호(2000. 6. 19)

ISBN 979-11-6603-274-5 03300